# 创设适合每个孩子的教育

卢宝山 赵 燕 著

中国海洋大学出版社

·青岛·

**图书在版编目（CIP）数据**

创设适合每个孩子的教育 / 卢宝山，赵燕著. —青岛：中国海洋大学出版社，2021.11
ISBN 978-7-5670-2811-1

Ⅰ.①创…　Ⅱ.①卢…　②赵…　Ⅲ.①教育研究　Ⅳ.①G40-03

中国版本图书馆CIP数据核字（2021）第072991号

## 创设适合每个孩子的教育

| | |
|---|---|
| **出版发行** | 中国海洋大学出版社 |
| **社　　址** | 青岛市香港东路23号　　　邮政编码　266071 |
| **网　　址** | http://pub.ouc.edu.cn |
| **出 版 人** | 杨立敏 |
| **责任编辑** | 孙宇菲 |
| **电　　话** | 0532-85902349 |
| **电子信箱** | 1193406329@qq.com |
| **印　　制** | 青岛中苑金融安全印刷有限公司 |
| **版　　次** | 2021 年 11 月第 1 版 |
| **印　　次** | 2021 年 11 月第 1 次印刷 |
| **成品尺寸** | 170 mm×230 mm |
| **印　　张** | 14.75 |
| **字　　数** | 220 千 |
| **印　　数** | 1—1000 |
| **定　　价** | 46.00元 |
| **订购电话** | 0532-82032573（传真） |

发现印装质量问题，请致电0532-85662115，由印刷厂负责调换。

# 序

每个孩子都是独特的个体，都有着不同的禀赋。作为教育者必须立足不同，遵循教育规律和人才成长规律，树立人才多样化、人人能成才的观念。为达到这个目标就要研究适合每个孩子的课堂，就要探究适合每个孩子的班级管理模式，就要发现适合每个孩子的多样的课外活动。20多年的职业生涯，在探索适合每个孩子的教育之路上我们从未停歇。

我们探索出实施"一体两翼"五步导学的课堂，以孩子生长为主体，以导学案和小组合作为两翼，让孩子自学—互学—展学—导学—固学，导学案是全体教师根据课标、教参、教材要求、学习状况，将学习内容结构化，根据学习内容设置适当的问题激发孩子去探究。"小组互助合作"课堂教学改革主要从孩子学习实际出发，帮助并促进他们自主学习，解决的是"学什么""怎样学"的问题。"小组互助合作"课堂教学改革把教学重心从研究教法转变到研究学法上。"一体两翼"五步导学把课堂还给孩子，让孩子成为课堂的主人，从而达到"民主、快乐、互助、高效"的课堂样态。

在班级管理中，我们充分尊重孩子的个性发展，不放弃每一个孩子，让每个孩子都得到应有的成长。我们也极力为孩子们搭建各种平台让他们闪光，为让孩子们自我教育、自主管理、自主发展，我们创建了学生组织机构，构建起学生会、自主发展委员会、自主管理委员会、民主参事会和生态环保委员会五个平行组织。多元的学生组织为孩子的不同需求提供了可能，多元的组织为不同的孩子锻炼了不同的才能。这些组织在校园管理过程中充分发挥作用，让孩子做校园真正的主人，在参与中锻造自我，增长才干。

课外活动的设置更能体现我们"创设适合每个孩子的教育"理念，为使课程更能符合孩子个性发展的需求，我们创造性地对国家课程和地方课程进行了校本化的二次开发，学校统一规划，凝聚教师们的智慧，开设了六大系列40门不同维度的学校课程，涵盖了人文、艺术、语言、科技、活动、实践等多个领域，有机促成了人文与自然、理论与实践、动脑与动手的结合，孩子们完全自主选择，并可跨年级进行选修，基本满足了每个孩子不同的发展需求。学校开设的蓝色海洋、智能机器人、演讲与辩论、科技制作、无土栽培、有土栽培等课程，为培养孩子的创新实践能力提供了有力的支撑。

社团是最能体现孩子个性发展的组织。我们充分挖掘各种资源，让孩子自主申报，创建自己喜欢的社团。孩子们自主创建了40多个社团，每个社团都有负责人和相应的组织机构，活动也搞得秩序井然，有声有色。

为了实践"创设适合每个孩子的教育"理念，我们定期举行体育节、科技节、艺术节、文化节。体育节通过开展一系列的体育活动，在强健孩子体魄的同时，也让孩子磨炼了自己的意志，增强了团结向上的集体意识。科技节通过开展科技讲座、创意征集、科技作品大赛等活动，为孩子提供了一个展示个性的平台，激发了孩子勇于创新的意识，也培养了孩子的实践能力。艺术节上，"情系校园，唱响青春"大合唱比赛、校园十大歌手比赛、十大校园主持人比赛等，让每一个孩子都有参与的机会，让每一个孩子都有展示才华的舞台。文化节是一个含蓄隽永而又充满书香的节日，我们开展"中华魂经典诵读""青春风采演讲比赛""书香校园传统知识读书比赛""世界文化博览手抄报展示"等活动，倡议孩子走进传统国学、走进经典书籍，让书香温润校园，让文化走进心灵。

多元的课外活动，点亮了孩子们的业余生活，丰富了他们的精神内涵，促进了全方位的素质的提高。

教育的终极目的是为孩子一生的幸福和发展奠基，满足孩子不同的发展需求，让每个孩子找到生命成长的基点，让孩子在生命绽放的过程中找到自尊与自信，只有不断创设适合每个孩子的教育，才能让每个孩子健康、快乐、幸福地成长。

# 目录

**一 班级管理篇**

002 自主管理

004 班级文化展示要弘扬主旋律

007 抗疫班会课

010 一次"民主"的主题班会

013 要重视班会的育人作用

016 要严肃考场纪律

018 在考试前要放松学生的情绪

021 唤醒学生的主人翁意识

023 要有勇气争取自己的权利

025 要培养孩子的责任心

029 真正的学习

031 主动学习

034 抓规范，促提高

036 如何收作业？

039 我们的班主任都是解题高手

041 别让比赛狭隘了我们的心胸

043 从11名优秀到42名优秀

045 选择宽容

048 要主动引领学生成长

050 记一次家访

二
课
堂
组
织
篇

054　好课程衔接孩子美好的未来

057　课堂，让学生站在舞台正中央

060　课堂要把握好让学生站在舞台正中央的度

062　学习方式不同学习效果截然不同

065　"问题探究，互助合作"学习模式探究

069　燃爆课堂　怒放生命

072　深化小组合作

074　分层教学探索

076　让孩子快乐地学习

079　C层的学生学习如此专注

082　老师要给学生前行的力量

084　兴趣是最好的老师

087　让学习在学生身上真实发生

090　从评课看"优秀教师"的"优秀"

093　上课要有问题导向

096　化学教研员来听课

099　幸福时光

102　老师"自我革命"才能成就学生的"解放"

104　激活学生的写作思维

107　如何写一篇作文？

109　老师授课重器更要重道

111　复习课要有效率

114　试卷讲评课该怎么上？

117　数学试卷讲评课的思考

119　通过试卷讲评引领学生反思学习

123　怎么开展"空中课堂"学习？

127　如何保证"空中课堂"授课的有效性？

130　听课可以有效提升网课质量

三
教
师
成
长
篇

134　教育的信仰

137　学习，拥抱前进的能量

140　教师要诗意地栖居

143　因材施教

146　真实的爱

148　追求的心

150　老师好，好在哪里？——观《老师好》有感

153　老师的善良

155　老师的理念关乎着学生的幸福

157　没有尊重就没有教育

159　老师的毛笔字

161　永不放弃

163　专注成就事业

165　精神状态决定了成败

167　机会是自己争取的

169　挑战自己

171　一次震撼的精神洗礼

174　永葆青春的心

176　不失去追梦的心

178　榜样引领成长

180　伟大的老师——观《嗝嗝老师》有感

184　"关系"与"载体"让学生走向成功

四
课
外
活
动
篇

188　社团课，开课了

191　不一样的升旗仪式

193　给学生机会

196　环境育人

198　为什么孩子在这里有这么多笑声？

201　一场足球赛的启迪

203　春天里，让学生动起来

205　英语情景剧表演是能力与情感的统一

207　"大地飞歌，歌唱祖国"青岛四中红歌会

209　艺术节里乐享花开

212　学科融合，给孩子一个创造力的支点

214　让孩子爱上科学

216　参与就是成长

218　尊重，激发每个孩子的积极性

220　让荣誉激励每个孩子成长

222　让孩子在评优竞选中成长

# 一

# 班级管理篇

创设适合每个孩子的教育

# 自主管理

真正的教育是自我教育，真正的管理是自主管理。当一个学生能自己管住自己的时候，这个学生才真正长大了，才真正成为自己的主人。

一进人文楼，大厅里摆着三四块宣传牌，这些牌子上介绍着学校各大学生组织：学生会、自主管理委员会、自主发展委员会、参事会、生态环保委员会，这些组织下设哪些部门，职能是什么，牌子上也都介绍得清清楚楚。纲举目张，组织架构已经确立，职责和人员都清楚，剩下的事情就是按照要求去运转。

每天的课间操，每个班级的前面都有体育部安排的检查员，他们对这些班级进行管理、检查，上操完毕体育部长进行点评。每个班级的卫生在卫生部长的组织下，在课间操的时候进行检查，卫生部长会召集卫生委员及时反馈卫生的要求和各班的卫生情况。

学校的工作群里，最繁忙的就是学生组织，他们每周都有例会，还经常利用中午开会，学生在参与，学生在管理。

我们欣喜地看到，学校走廊里每个课间都有戴着红袖章的同学，他们组织值周班的同学每天进行课间纪律的执勤，他们身体站得笔直，脸上洋溢着微笑，双眼搜索着问题，每个执勤的同学都成了一个小管理者。当有同学声音大了，他们会提醒这些同学小点儿声；当有些同学跑闹的时候，他们会去及时制止；对于不听劝说的同学，他们会给这个同学所在的班级扣分，还会去找该同学所在班级的班主任去说明情况，让班主任继续进行教育。这些执勤管理的同学也拥有成就感，因为他们行使了作为"主人翁"的权利和义务。

走进教室，我们看到每个班级前面的墙上都有每天的情况反馈单，反馈单上的记录很详细，内容涉及作业、课堂、上操、午饭、午休、卫生等各个方面的情况。这是每个值日班长进行的一天的值班记录反馈，每个同学轮流当班长，在管理与被管理的过程中提升自我管理的能力。

放眼班级，你会发现每个班级都分成了七八个组，每个组都是六个同学。每个组都在进行组内的管理，每个组员都收一科作业，负责一门课的学习；每个组都有组长，进行组织管理；每个组都有三个师傅和三个徒弟，师傅从学业到习惯上都对徒弟进行引领，"兵带兵"，"兵强兵"。当徒弟有知识没有学会，徒弟会向师傅请教，师傅也会主动检查徒弟的学习情况。

每周升国旗仪式都由学生主持，学生组织。遇到发奖，学生会邀请相关的领导到台上颁奖。每周的升旗仪式都由各个班级承办，班委会进行展示内容的策划、演练。从出旗、升旗、奏唱国歌到班级文化展示等各项活动都由学生在老师的指导下完成。

每周五的课间操也是自主管理，学校不允许班主任下楼，从站队、跑操、跑完操的点评到有序带回都由学生自主完成。我们发现当老师不在孩子们身边的时候，孩子们各项任务完成得似乎更好，他们自我管理的内驱力被唤发出来。

如果教师只把学生看作教育的对象，将全部注意力都放在如何向学生灌输尽可能多的知识和道德信条上面，反而捆住了学生的手脚，不能让学生自己去获得知识和真理。在被动地受到教育之后，一旦学生脱离了学校的环境，往往会失去其教育的作用。

真正的教育不应总是牵着学生的手走路，而应该让学生独立行走，形成自己的态度。只有让学生从心灵深处自觉接受教育，才能在学生的人生成长中产生积极而深远的影响。

# 班级文化展示要弘扬主旋律

实现中华民族伟大复兴的中国梦，必须弘扬中国精神，这就是以爱国主义为核心的民族精神和以改革创新为核心的时代精神。中国精神贯穿于中华民族五千年历史，特别是在中国的快速崛起中迸发出来的具有很强的民族集聚、动员与感召效应的精神及其气象，是中国文化软实力的重要显示。

学校是文化传承的地方，是传道授业解惑的地方，学校、老师要主动承担起弘扬中国精神的使命。

爱国需要时时熏陶。每周一全校升旗仪式就是对全校师生进行爱国教育的最佳时机，周一是一周的开端，在开端就要给师生宣扬爱国主义精神。全校师生早早到校、穿着整齐，举行隆重的仪式，这让所有人不由自主地燃起爱国情怀。当主持人宣布出旗的时候，全校师生立正，四个护旗手托着国旗的一角，高高举过头顶，迈着正步走向旗杆。当宣布升旗的时候，老师行注目礼，少先队员行队礼，大家高唱国歌，我们似乎看到了中华民族的流血牺牲，似乎看到了无数人为争取民主自由抛头颅洒热血，内心涌出无限的悲壮和豪迈。

爱国引领需要新颖的形式和时代的内容。八年级三班在升旗仪式上的班级文化展示让全校师生感到震撼。

八年级三班利用很短的时间排练了一幕"跨越时空"的"国家兴亡，我有责任"的爱国历史剧。

穿着中山装的学生扮演有爱国情怀的老师，他向同学们发问："你们爱国吗？你们爱国的表现是什么？"主席台上的学子回答得掷地有声："爱！""我努力读书！""我强身健体！""我爱好科学！""我酷爱艺术！"尽管回答的内容各有不同，但爱国之情是一致的。

听了同学们爱国的表现，"老师"很高兴，他趁机向同学们展示我们的祖国在各个领域取得的成就，每个成就都鼓舞人心，让师生都产生了强烈的民族自豪感，每个人都为自己是中国人而感到自豪。

这个时候，"方志敏"（学生扮演）穿越时空，一身戎装，来到主席台，他向大家昂扬地诵读他的文章《可爱的中国》，在1935年，日本的全面侵华战争还没爆发，但"九·一八"的炮声却震撼了每一个有民族情感的中国人的心。作为红十军的创始人，方志敏在红军开始长征的时候，担任中国工农红军北上抗日先遣队总司令，但在进军的路上，不幸因叛徒出卖而落到国民党反动派的手中，最后英勇就义。方志敏的《可爱的中国》充满爱国主义激情，他热切地把祖国比喻为"生育我们的母亲"，汉奸军阀帮助恶魔杀害自己的母亲，他高声疾呼，"母亲快要死去了""救救母亲呀"！他指出挽救祖国的"唯一出路"就是进行武装斗争，方志敏论证了"中国是有自救的力量的"，坚信中华民族必能从战斗中获救；并在篇末展示了中国革命的光明前景，描绘出革命后祖国未来美好幸福的景象，表现了强烈的民族自信心。

所有的师生都被"方志敏"的演说振奋得激情澎湃。

紧接着"梁启超"（学生扮演）的《少年中国说》，以诵读、演唱、舞蹈三合一的形式展现在师生面前："故今日之责任，不在他人，而全在我少年。少年智则国智，少年富则国富；少年强则国强，少年独立则国独立；少年自由则国自由；少年进步则国进步；少年胜于欧洲则国胜于欧洲；少年雄于地球则国雄于地球。红日初升，其道大光。河出伏流，一泻汪洋。潜龙腾渊，鳞爪飞扬。乳虎啸谷，百兽震惶。鹰隼试翼，风尘翕张。奇花初胎，矞矞皇皇。干将发硎，有作其芒。天戴其苍，地履其黄。纵有千古，横有八荒。前途似海，来日方长。美哉我少年中国，与天不老！壮哉我中国少年，与国无疆！"

少年强，中国强！

整个班级文化展示没有说教，没有空喊口号，用历史，用文学，用事实，用使命，用喜闻乐见的历史剧给大家进行了精彩的展示，爱国情操渗透在字里行间，爱国情感表现在同学们的每个动作和眼神中。

这次班级文化的成功展示，让大家明白了什么是爱国，我们该怎样去爱国，也给每名师生注入了强大的内驱力，爱国是精神，更是行动。

# 抗疫班会课

2020年，因为新冠肺炎疫情，学校已经延期开学第二个周了，孩子们在家里上了一个周的网课，周一我们按照惯例召开班会。

这次班会在网上进行，我想疫情期间召开的班会会给孩子们留下深刻的记忆。

我参加了七年级一班的班会课，柳老师是这个班级的班主任。柳老师是一个有思想的热血青年，她做事情善于钻研，对教育充满了热情。

这次疫情对我们中国人、对世界的影响都是深远的，我想看看柳老师定了什么主题对学生进行引领。

我准时进入柳老师班级的腾讯课堂，屏幕上展示着这次班会的主题"敬畏生命、珍爱生活、向上生长"。

我认为这个主题非常好，"生命、生活、生长"，在疫情肆虐的当下，我们最需要的就是利用疫情的相关材料来对学生进行灵魂的引领。

柳老师这次班会用了三个主持人：家委会主任、班主任、班长，这三个人分别代表了家长、老师、学生三个层面，应该说很全面。

柳老师的班会形式多样：一封信、三张学生在医院的照片、三张学生在家学习的照片、一段视频、一段寄语。

这封信很巧妙，写信人是青岛四中2000届毕业生王同学，她现在是一名护士，在军医院工作，现正在抗疫一线。王同学中专毕业就当了护士，没有读大学，她说这是她一生的遗憾，作为学姐的她用自身的遗憾勉励学弟学妹们要好好读书。

然后柳老师将三张感染病毒的孩子在医院努力学习的照片展示给大家，这三个孩子都在读高三，他们想通过自己的努力，实现自己的人生目标。努力才有未来，命运在自己手中。

还有三张学生居家的照片：第一张是一个山村的孩子跑到4千米外的山上寻找信号进行网络学习；第二张是一个同学5：30起床，在楼顶蹭网学习；第三张是一个同学到村大队部的室外蹭网学习。这三个孩子的家庭条件都很差，但他们都很自律，都很勤奋。

视频中有两个孩子形成了对比：一个孩子不读书，玩手机，他在原地踏步；另一个孩子刻苦读书，他的视野、境界、平台在不断提高，这种对比告诉我们，刻苦自强可以改变命运。

一段寄语分了三个层次：家长寄语，每位家长附了一张家长和孩子的合影，旁边是家长对孩子的寄语，每位家长的寄语都告诉孩子们要努力学习，要有担当，要懂得感恩；教育局和学校对家长提出了希望和要求；校长代表学校给了孩子们祝福和期望。看到这些寄语，我感到内心力量满满，我想孩子们的内心力量也是满满的。

这次班会主要以居家努力学习为核心，努力学习就是"敬畏生命、珍爱生活、向上生长"，可以说中心非常突出，通过不同的形式和丰富的内容来激励孩子努力奋斗。

面对"敬畏生命、珍爱生活、向上生长"的主题，我陷入了沉思。

敬畏生命就是要自律，敬畏生命就要遵守生命的规则，敬畏生命就要敬畏他人的生命包括敬畏其他生灵，甚至自然。因为整个世界都是一体的，世间万物都是普遍联系、相互作用的，正如鲁迅所说："无穷的远方，无数的人，都跟我有联系。"力的作用是相互的，尊重是相互的，"爱往者爱返，福往者福来"，我们不要走得太远忘记了为什么而出发，生命的终极目的是幸福，幸福不是占有得越多就越幸福，我们不要以发展为借口不断向自然界攫取资源。

敬畏生命还要敬畏自己，我们是独一无二的生命体，我们来到这个世界上只能走一次，既然如此，我们很神圣，我们很宝贵，我们要活出自己的精彩，我们要在有益于人类和世界的方面做最好的自己。

珍爱生活，就是要自强。活在当下，我们就要勇敢地克服各种困难，不能成为生命的"巨婴"。我们的岁月静好，是因为有人在为我们负重前行。这次疫情横行，80多岁的钟南山院士和70多岁的李兰娟院士不顾一切奔赴抗击疫情一线，许多医生护士牺牲在抗击疫情的一线，他们用自己的生命给我们撑起了防护墙。墙内安全的我们如果还在安逸，还在醉生梦死，怎能对得起他们用生命换来的安宁？

向上生长，就是要自立。有了信仰，有了志向，灵魂才会变得崇高，有了灵魂的高度，才有了广阔的视野和格局，才有了奋斗的力量。何为"向上"？"向上"就是"真善美"，就是为人类和世界带来美好生活的各种努力，疫情中无数人们闪烁出动人的光芒：救死扶伤的医生，刻苦钻研的科学家，保家卫国的军人，教书育人的教师，实业救国的企业家，守护在身边的社区人员，他们是我们学习的榜样，是我们礼赞的对象。

"敬畏生命、珍爱生活、向上生长"是我们永恒的课题，而要完成这一课题，就要我们在学习生活中自律、自强、自立。

# 一次"民主"的主题班会

观摩了青岛四中2017级2班陆老师的主题班会，我的感受是：民主。这次班会的主题是"见贤思齐"。这次班会有两大板块：第一板块为风采展示；第二板块为主题议事。主持人是值周班长。

第一板块有四个环节。

第一环节是值周班长反馈。

值周班长把一周以来班级同学的学习、纪律、卫生、就餐、广播操等进行了总结汇报，点出同学们表现优秀的地方和不足的地方。

陆老师充分发挥每个同学管理的热情，让每名同学轮班参与每天的管理，并写出班级日志，利用每天早自习的时间进行全班点评。这极大鼓舞了每个同学的主人翁精神，每个同学都有管理的机会，每个同学都是管理者，每个同学都是被管理者，在管与被管之间让学生达到"自律"，让班级达到"自治"，这是典型的"兵管兵"。

第二个环节是小组风采展。

每个小组同学全体上台，把本周的目标展示给同学们，一个都不缺，一起努力亮出自己的目标。

小组合作、小组管理、小组竞争是实现"创设适合每个孩子的教育，让每个学生都精彩"的必由之路。小组合作是将任务化整为零的核心策略，小组合作既是学习合作也是管理合作。说到底，小组合作是学生生命成长的共同体，在小组的"共生共长、共赢共享"中，每个人在团队中不断成长。

第三个环节是接龙夸奖班级的好同学。

由班里一个同学首先表扬一周以来班级某个同学做过的好人好事，再接着由被夸奖的同学继续夸奖下一个同学，这样不断接龙夸奖。

环境育人，教育者要打造正能量的团队、正能量的氛围、正能量的人、正能量的事，最终形成正能量的场。一旦正能量的场形成，大家就会形成组织，自己要求自己去做正能量的事，成为正能量的人，达到环境育人，人育环境。

第四个环节是优秀小组分享经验。

本周第一名的小组分享自己成为班级第一名的奥秘，其他同学可以提问，由这个第一名的小组进行答疑。

典型引路，全面推广。前行路上，走在前面的团队总是有智慧的，我们要引领这个团队进行反思，进行总结，把智慧分享出去。

第二板块是主题议事：班主任不在家。

班主任很巧妙地在两个环节过渡："我是班主任，我是你们中的一员，大家没有夸我，我要自夸。"当孩子们把掌声送给陆老师的时候，陆老师顺势说，"可是我这几天有许多担心，有同学意外伤害怎么办？课堂学习怎么办？纪律怎么保证？广播操比赛怎么办？"

陆老师将这四个问题分给七个小组，要求针对这四个问题至少提出三条对策，小组内部讨论完还可以去询问其他组和来听课的老师们。

班里顿时热闹起来，有小组内部讨论的，也有与外部交流的。讨论完毕，小组将大家的讨论对策上台展示，陆老师顺势进行点拨。

这种从小组内部讨论到外部求助的方式既发挥了小组每个成员的作用又弥补了小组的缺陷，每个同学的思维都是开放的、融合的，在讨论中，大家明确了自己该如何做。

在最后结束环节，陆老师进行了点评，整堂班会课的目的是让大家见贤思齐。大家的正能量的表现是"责任心"的体现，这种"责任心"就是"贤"，每个同学能看到他人的优点并去学习，这是"主人翁"意识，这种"主人翁"意识就是"思齐"，希望每位同学都有责任心，都要有主人翁的精神去见贤思齐。

整堂班会课由学生主持，学生组织，老师适时点评，利用小组合作发挥每个学生的作用，一起解决困难，让每个同学都参与其中，让每个同学都得到了教育，这次班会课是民主教育的充分体现。

# 要重视班会的育人作用

班会课在许多学校得不到重视，很多班主任老师不开班会，班会课成了自习课、其他老师的加课或者班主任的"批斗会"，班会课的育人功能并没有被充分发挥出来。

实际上班会课是育人的重要渠道，在班会课上我们可以对学生进行专题教育，可以就某项工作进行专题讨论，可以解决某一阶段班里发生的问题。

## 一、培养学生的设计能力和创造能力

班会课可以让班干部设计，让班干部轮流主持，也可以以小组为单位承办班会的设计。但不管让谁设计，班主任老师都要把关指导，不能完全放任，虽然学生有很强的创造性，但学生的站位和格局毕竟不够，老师要把好方向。班主任在与学生探讨其设计的过程中，也顺势培养了学生的思维力、创造力。

## 二、进行专题的教育和引领

初中的孩子进入青春期，这个时候孩子的性格处于"狂风暴雨期"，某些孩子的性格冲动，容易大起大落，自尊或者自负，情感激烈。

张老师带领2017级1班的同学策划的关于"青春约会"给大家以极强的冲击力。

第一个环节：青春榜样。

总结上周工作，给上周优秀的同学颁奖，在这些同学走上前台拿到证书获得掌声的时候，张老师说："一个人的优秀是优秀，带动大家一起优秀的是榜样。"张老师的话引导同学们从个体转到全体，从典型转到团队，这对获奖同学是一个引领，对所有同学是一个鞭策。

第二个环节：探秘青春是什么？你有什么样的青春故事？你给同学们的青春寄语是什么？

孩子们采访了五个老师，让这些过来人来回答这些问题，给学生启发。张老师现身说法，动情地对孩子们说："青春，不逼自己一把，怎么知道自己不厉害呢！"

第三个环节：你的梦想是什么？你的优势是什么？你准备怎么做？

孩子们回答完这些问题，接着就开始展示自己的梦想。张老师结合每个孩子的优势对梦想进行了点拨，让孩子的优势、兴趣与梦想发生关联，这样在实现梦想的过程中就有源源不断的动力。

最后，张老师念了一位学生的信。张老师对孩子们说："只要开始奋斗，永远都不晚。心动不如行动，现在就要为梦想奋斗立下誓言，我们要进行十年制约，十年后我正好退休，十年后的今天，我们四中母校见，我要见证你们的誓言。"

有梦想有行动，有精神有落实，有眼前有远方。

### 三、引领大家群策群力，明确大家的方向，凝聚共同的力量

班会课可以做成议事会。如班级契约，就是班规。这个班规是对班级同学行为的约束，没有规矩不成方圆，班规对全班同学都有效。班规如何制定？班规肯定不是班主任自己颁布的治班规则，因为那个规则不是发自班级学生的内心，不一定适合这个班级同学的情况。班级契约的制定要听从每个学生的内心，要分小组让每个同学依据中学生守则、校规、班级情况、个人情况进行讨论制定，每个小组同学制定出来后，班级再集思广益制定出班规。这个班规是同学们自己定的，自然会自觉地遵守。

针对学校重大活动，班级如何在学校取得好成绩？这时候，班级干

部就可以利用班会进行讨论、分工，同学们在讨论中知道自己的优势是什么，不足是什么。分工就是根据要求和自身情况各自完成任务，共同达成目标。

### 四、达到共性和个性的结合

学校根据发展规划、学校计划、特色打造，结合学生年级年龄特点给不同的级部布置不同的主题。

为体现班级个性，每个月四次班会，根据学校既定的课题召开两次，班级根据各自的情况召开两次。

这样班会既可以落实国家、学校要求的班会教育，又可以针对班级发展情况进行班级的个性化班会教育。

### 五、检查、落实，评比表彰

每周一的班会，班级要上交班会召开的班会记录；学校教导处、团委、学生会要进行检查点评；每学期进行一次班会评比，各级部将班会课错开，德育干部、班主任进行听课、评课。优秀的班会课全校观摩、表彰，这样就将班会课扎实地落到实处。

班会课要讲求实效，有形式更要注重内容，班会课要真正起到触动内心、凝聚力量、成长精神的作用，打造有灵魂的班级，培养眼中有光的学生。

# 要严肃考场纪律

模拟考试后，教务主任有些懊丧地找到我。

"怎么回事？"我问。

"校长，我们初一有个考场的学生考试作弊，是学生前来举报的，我们经过调查，找到了作弊的学生，他们认错诚恳，留下了检讨的材料。他们有的是在传纸条，有的偷看答案，还有传卷子对答案的，遗憾的是我们的监考老师没有发现。"教务主任给我汇报。

"这事怎么处理？"我问。

"校长，这次模拟考试已经考完了，成绩都分析完了，而举报在后，如果我们对作弊学生进行处分就直接影响到我们的老师。因为我们的老师没有发现学生作弊，我们的老师失职，这对老师的影响也不好，我们已经对失职老师进行谈话批评，他们已经认识到自己的错误，我们还是给老师留个面子吧，能不能增加监考老师，原来考场只有一个老师，以后我们增加一个监考老师。"教务主任跟我说。

"这次考试作弊的事情值得我们反思，我们要研究一下如何杜绝学生作弊的现象。如果老师不端正态度，严肃考纪，就算增加十个监考老师也没用，况且增加了监考老师从而变相地增加了老师的负担，一个老师要干的活，两个老师去干，就相当于老师的工作量翻倍了，你们回去要好好研究一下。"

教育教学的干部经过研究，对考试制度进行了进一步梳理。周一的升旗仪式进行考试教育，分两个会场进行，教务处对全体老师进行教育，政教处对全体学生进行教育。

我参加了对教师考试教育的会议，教务主任和教学校长对考试的意义给老师们进行阐述。考试是为了检验一学期的学习成果，这个成果必须是公平的，如果因为老师监考不严导致学生作弊，这就打破了学习的公平，这对学校和全体师生都是一个侮辱。考场是最公平的，严肃考试纪律是我们教师教书育人的底线，如果因为老师监考不严导致学生作弊，这会让我们的努力付诸东流，学生想作弊能作弊，首先说明我们老师监考态度不端正，让学生有机可乘。如果学生在考场作弊我们监考老师发现不了，我们的老师要承担监考责任，学校要给予相应的处分。

对于考生，我们要求进入考场只准带文具，考试的演草纸都由学校统一配发，考试过程中，演草纸不够，可以举手索要，考试完毕，演草纸要收回。考生进入考场要保持安静，听从老师的安排，对于不服从监考老师安排、扰乱考场纪律的同学给予相应处分。考试中，考生要认真答题，答完题认真检查，不允许趴在桌子上睡觉。

学校规定，不允许老师带手机进入考场，以防老师看手机，影响考试质量。

学校增加流动监考员，每个楼层一名老师，考试期间，这名老师巡回监考，同时帮助监考老师处理临时事宜。

学校增设考试作弊投诉箱，人人都是监考员，发现有作弊学生或监考不严肃的老师，每个学生都可以投诉，经查属实，就会对学生和老师进行相应的处分。

对学生除了进行考试的意义、考试的要求、考试的纪律教育之外，还对学生进行"诚信"教育，考试作不作弊是检验学生诚信的一个重要标准。

人无信不立，国无信不兴，我们要想让学生诚信做人，在社会上立住脚跟就要从诚信考试开始。

# 在考试前要放松学生的情绪

没有哪个学生、哪个老师不想在期末考试这样的重要考试中取得好成绩，因为这些考试影响着学生的信心和老师的声誉。

在这些考试面前师生的情绪已经非常紧张，学习时间都抓得非常紧，弦已经绷到了极点，如果学校再去推动紧张的学习氛围，学生容易焦虑，就容易拉断了弦，产生问题。

越是在这些重要的考试面前，学校越要主动想办法缓解师生的情绪，保持师生充沛的体能，让师生斗志昂扬地去考试。

## 一、老师不准占用体育课

临近考试，老师们因为赶进度、想复习，都想利用可利用的时间，只要走进教学楼，就是老师讲课的声音，老师们甚至在课间都等待在班级门口，想给学生辅导，在这种情况下，学校下了一个铁令：任何老师不准占用学生的体育课。

为什么不准占用学生的体育课？因为体育课是孩子们自由"呼吸"的时间，我们学校对体育课要求很严，要求学生必须全员上体育课，体育老师要竭尽全力上好体育课，在体育课上不仅要进行体能训练，还要进行各种运动的技能训练，如篮球、排球、足球、乒乓球等。体育老师还要组织学生以小组为单位进行比赛，每个人进行过关测试。总之，在体育课上不仅让每个学生获得体能，获得技能，还要获得体育精神，让每个学生大汗淋漓，让每个学生的情绪都得到释放。

## 二、每天要跑千米

学校每天组织30分钟的阳光大课间，以班级为单位，每个班级的学生举着班旗进行"蛇形跑"。所谓"蛇形跑"就是在小空间里对折跑，一路纵队，这样可以快捷地往返跑，我们不进行高密度跑，因为高密度跑的弊端是过于追求整齐，学生的速度出不来。在孩子们进行"蛇形跑"的时候，站在高处，你会看到他们像浪花一样快速地移动，很是壮观，孩子们可以得到很好的锻炼和放松。

## 三、要午休

在期末考试前的紧张阶段，很多老师中午就跑到教室里，他们以高昂的积极性占用了孩子们中午的休息时间，学校开始不想打击老师们的工作热情。可是，通过上课的效果来看，中午不午休的班级下午学习效果不好，孩子们都恹恹欲睡；中午午休的班级，孩子们精神抖擞，于是学校传达指示：中午老师和学生必须午休。在12：30到13：00，老师和学生必须停下手中的任务，关灯、拉窗帘、睡觉，以保持充沛的体能。

## 四、举行拔河比赛

为了缓和学生和老师的紧张情绪，在保证学生安全的情况下，学校组织学生进行拔河比赛。

在考前一周的体育课上，我们展开了级部内、跨级部的拔河比赛活动。

拔河比赛作为一项集体性竞赛游戏，其特点是每个队员的努力程度都会影响到队伍的胜负，以高度的责任心和认真的态度参与比赛，才能取得比赛的胜利。同学们积极踊跃地参加比赛，平日里不喜欢跑步运动的同学这个时候也积极申请参战，为了班级荣誉贡献自己的力量。于是乎，借此情绪将同学编排成组，先选出20名同学参与拔河，其余同学组成拉拉队，给比赛的同学喊口号、带节奏。

纪检组的同学要检查对方人数是否对等，监督比赛公平。

学生们在比赛的刺激下，各司其职，忙得不亦乐乎，"一、二"加油的呼喊声响彻校园，各自阵营分明。

老师在指导完比赛后，给学生们留下思考的问题：拔河预备动作怎样最合理？拉拉队和参赛同学怎样配合最合理？学生在兴趣的指引下自行寻找失败的原因并完善拔河的技巧，教师适时点拨一下，让学生多一个思考的过程，只有自主的探索才是真正的成长。因此，拔河比赛对学生心理因素有着特殊的作用，它不仅促进学生体力和智力提高，而且能够调节情绪，陶冶情操，磨炼意志，培养学生的合作竞争精神，有利于培养学生健全人格，促进学生心理健康发展，使学生保持积极健康向上的心理状态。

孩子们在不断的呐喊中，在力量的宣泄中，不仅增强了体质，更缓和了紧张情绪。

文武之道，一张一弛。休息、运动、比赛，很好地放松了孩子们考试前的紧张心情，让师生保持充沛的体能和适度的情绪，这样会使孩子们的心理更强大，更有利于淡定地迎考。

# 唤醒学生的主人翁意识

　　校园是学生的校园，当一个校园洋溢着学生积极向上的气息的时候，这个学校就是一个生机勃勃、活力四射的校园，而要学生"积极向上""生机勃勃"，就要唤醒学生的主人翁意识，只有学生认为自己是校园主人的时候，他才会感到校园里所有的事情都与自己有关，自己要为校园的美丽不断奋斗。

　　中午，我刚要吃饭，四个初一的学生突然出现在我办公室门口，"校长，您现在有空吗？"孩子们问我。"有空。"我回答。"我们有件事想跟您谈谈。"孩子们说。"好哇。"我说。我把他们引到学校的交流室，刚坐好，孩子们就说："校长，我们听说体育节就要开始了，初三的同学找到您，他们准备举行篮球赛，我们也准备成立篮球队参加篮球赛。"我一下子想起有三名初三男生找到我，说想要在体育节举行篮球赛，我让他们找体育部长和体育老师，看来，体育部长与体育老师同意了初三同学的要求。我对他们说："很好啊，你们也应该去找学生会体育部长和体育老师讨论这件事，既然初三的学生可以举行篮球赛，初一的也可以。""太好了，谢谢校长。"这四个初一的孩子欢天喜地地走了。当我在餐厅巡视的时候，我恰巧又碰见了上次找我想举办篮球赛的同学，我问他篮球赛的事情，他说："体育部长和体育老师已经同意举办篮球赛了。"他又说："初一的同学找我们探讨篮球赛的事情，校长，我们建议，如果初一、初二也参加篮球赛，因为三个级部实力相差悬殊，可以在级部内先举行，各级部的冠军可以再打比赛。"我听后很满意，让他们找体育部长和体育老师反映这个建议。我能看到，这个初三同学脸上透着自豪和自信。

我又想起上个学期临近期末的时候，初三自主管理委员会主席崔同学和班里同学找到我说："校长，马上就要中考了，我们这些要考重点高中的同学想在放学后进行无声自习，在学校里学习氛围好，我们想每天晚上学习到8点。""这是个好主意，你们可以给班里想考取重点高中的同学发个问卷，看看有多少同学想留下？谁来维持纪律？如何吃晚饭？"我给她提出建议。过了一周的时间，崔同学找到我说，她把这事搞定了。我也马上把这件事告诉了我们的相关干部，同时观察崔同学如何操作这件事。到了晚上6点左右，我看见一个家长来给五班的孩子送饭，大约12份，这名家长是这12名孩子的家长之一，这样，12名家长轮番给孩子们送饭顺便维持这些孩子学习的秩序。我们看到崔同学还拟定了一份安全纪律保证书，让每个孩子和家长签订，如果有孩子不服从管理破坏秩序，提醒三次后须自动离开学校的无声自习。干部们巡视的时候发现这些孩子学习特别专注，因为这是他们通过努力争取到的机会。

当孩子的主人翁意识被唤醒的时候，孩子的创造力就会迸发，我们作为老师就会不断惊喜孩子给我们展示的创造力。

像今年的开学典礼，学生会策划了"努力奔跑，勇于追梦"的主题，策划了"三代人在四中，校友讲述奋斗的故事"来勉励同学，还策划了"十年后的你相聚在四中，对现在的你讲述自己奋斗的故事"激励每个同学面对未来，勇敢追梦，这些创意，让我们惊喜。

很多时候当你做足了对学生的唤醒和启发的工作，学生总会迸发出让你刮目相看的创意。

作为老师、学校领导，我们要尊重学生，激励学生，相信学生的潜能无限，这样孩子的主人翁意识就被激发出来了。我们要做的是多给予学生展现的舞台，给予他们合理有效的指导，帮助他们更快地成长，帮助他们收获精彩的人生。

# 要有勇气争取自己的权利

作为校长，我非常喜欢学生大胆争取自己的权利，因为教育就是帮助学生成为自己。学生要争取自己的权利需要勇气和充分的准备，毕竟作为学生去找领导还是需要一定勇气的。

狭路相逢勇者胜，如果没有勇气，不敢亮剑就是主动投降，有了勇气去战斗，敢于追求自己的梦想，就有实现梦想的可能。

没有谁生而英勇，只是选择无畏。

这次新冠肺炎疫情肆虐，许多医护人员明知病毒的可怕，可他们立下军令状，离开家庭，"虽千万人吾往矣"，毅然决然地奔向病毒肆虐的武汉等地。

我欣赏大爱的正义，我欣赏自我追求的勇气。

学校的人文班和创新班在每次大考之后都要进行滚动，我们初三有两个创新班，三个人文班，学校会根据情况，安排人文班同学滚动到创新班的班级里，我们的孩子大都会服从老师的"认真分析，正确安排"。

人文三班的陶同学找到我，"一模"考试后，她可以滚动到创新班，她找我的诉求是：她不想进创新二班，她要进创新一班。

我问她的理由是什么？

这个孩子说自己很珍惜这次通过努力有了选择的机会，她不想被动接受学校给她的安排——去创新二班的机会。她认为自己的人文三班的纪律和要去的二班纪律都不是很好，这对她会造成不良的影响。二班的班主任是历史老师，老师侧重抓历史，自己的数学不好，想抓好数学；而一班的班主任是数学老师，自己在中考中就想抓好语数外，并且一班的纪律好，一班还有自己学习的榜样，综合这些原因，她想去一班不想去二班。

她还告诉我，人文四班的班主任是数学老师，四班班主任老师抓得紧，班级学风浓，大家都爱学习。这次滚动，尽管有许多同学可以滚动到创新班，但是他们都放弃了，选择继续留在原来的人文班，他们有自己选择的权利，这让人非常幸福。

我对她有勇气追求自己的权利非常满意，要知道，这是一个学生与校长在进行对话啊！

我问她："为什么不去找级部主任？"

她告诉我，可能是王主任那天太累了，还没吃饭，她找的不是时候，王主任很不高兴，没有同意。

我对陶同学阐述的理由比较满意，就让她回去等消息。她还给了我一张纸条，我看到纸条上写着她陈述的理由，她离开的时候满含热泪，向我多次鞠躬。

我找到王主任，王主任是知道这件事的，她告诉我之所以没有同意她选择的原因是学校按照滚动的人数已经和班级以及班主任做了对接，创新班的班主任已经知道要滚动上来的学生，现在学生变换了，会让老师不舒服。

"是老师的舒服"重要，还是"学生的发展"重要，听我这样一说，王主任说马上给这个孩子安排，让她到自己喜欢的班级去上课，老师的衔接问题她会马上处理。

我想，当孩子到了自己努力争取的班级去上课她会更加努力，更加珍惜，这会促进她自信心的树立，也会影响其他同学努力争取自己的权利，实现自己的成长。

我想，是不是也有许多同学有自己的想法和选择，可是他们没有勇气去争取自己发展的机会，就丢掉了自己选择的权利，失去了主宰自己成长的机会。

作为校长，作为学校老师，我们会努力激励孩子满怀勇气去努力，去争取，去奋斗，去做自己。

# 要培养孩子的责任心

自我们降生在这个世界上，因为角色不同而承担着不同的责任。

一艘货轮卸货后返航，在大海上遇到风暴，船长果断下令，打开所有货舱立刻向舱里灌水。水手担忧："往船里灌水是险上加险，这不是自找死路吗？"船长镇定地说："大家见过根深干粗的树被风刮倒过吗？被刮倒的是没有根基的树。"大家照做，风依然剧烈，但随着货舱水位升高，货轮渐渐平稳了。船长告诉那些松了一口气的水手："一只空水桶，很容易被风打翻，如果装水负重了，风是吹不倒的；船在负重时，是最安全的，空船，才是最危险的。"

承担了责任我们会很辛苦，但因为我们承担着责任，我们会走得稳稳的，生命才有意义。

北京大学儿童青少年卫生研究所的报告揭露出来的数字非常可怕。报告中说，每5个中小学生中就有一个人曾经考虑过自杀，占样本总数的20.4%，而为自杀做过计划的占6.5%。超过半数的自杀行为，从意念到实行不到15分钟。

一点小小的挫折就成了压垮孩子生命的稻草吗？连死都不怕还有什么可怕的呢？从孩子的死亡可以看出，在孩子看来害怕承担责任超过了他对死亡的恐惧。

我们的教育出了严重的问题，最大的问题是缺乏对孩子责任心的教育。

首先，我们要教育孩子对生命负责，生命对我们而言只有一次，我们对生命要充满热爱，不能漠视或者抛弃生命。

多少年来，我们的教育一直缺少"死亡教育"的内容。近几年，青少年学生自杀事件时有发生，它给我们敲响了警钟：对青少年进行生死观教育迫在眉睫。事实上，国外很多学校都开设了死亡教育课程，如在英国小学的课程上，殡葬行业的从业人员或护士会对小学生讲解人死时会发生什么事情，并且让学生轮流通过角色扮演的方式模拟一旦遇到如父母车祸身亡等情形时的应对方式，体验一下突然成为孤儿的感觉。死亡教育的目的就是要教育孩子珍惜生命，提升生命质量，让孩子学会敬畏和珍惜生命。

大人总以为把孩子和死亡隔离开就是对孩子的保护，却不知这样的做法会对孩子造成多大的伤害。与其为了保护孩子而编故事、欺骗孩子，不如正确地面对这个话题。最直观的教育方式，是让孩子观察身边的事物，比如花开花落、落叶归根。只有教孩子正确认识死亡，才能让他们真正懂得珍惜生命、感恩父母。

为了让孩子们真正懂得生命的价值，请让"死亡教育"走进校园、走进家庭。只有孩子对死亡形成正确的认识，才会对生命更加珍惜。只有防微杜渐、防患于未然才是保证孩子健康成长的"法网"。

其次，我们要训练孩子承担责任。

责任心和主动性是连体的，一个人如果被赋予责任，就有了价值感，有了主动性。责任心是一个人生命的根基。有了责任心，一个人才把自己的生命与别的生命联系起来，才会产生自我价值感。一个没有责任心、没有价值感的孩子，因为找不到自己的生命在社会中的地位和重要性，便会感到迷惘，因此失去创造成就的动力，从而容易为其他一些物质性的轻浮的事物所吸引，沉溺其中，平庸地过一生。今天正在读书的一代人，享受着前所未有的物质文明，特别是独生子女，生活条件更加优越。这些都使青少年以自我为中心的倾向加重，而责任感大大降低，这种状况应该引起每个教育工作者的高度警惕。造成这种状况的原因是家长们认为，今天的生活条件好了，用不着孩子参与家庭生活，他们只要学习好，不惹麻烦就足够了，于是给孩子创造优良的学习、生活条件，尽可能满足孩子的愿望，以期孩子能够专心学习。然而事实并非如此，这些在家长的过分保护下长大的孩子，缺乏责任感、冷漠，在学习上表现为被动与厌倦。要想将孩子培养成人才，当务之急就是培养孩子的责任心，使他们将自己的生命与家庭、社会联系起来，好好学习，将来有所作为，从而产生价值感。

再次，我们培养孩子对生命的责任心就要训练孩子的抗挫折能力。

许多孩子敢于面对挑战，就是因为他们有承担失败的勇气，而这种勇气，很多时候都是在其自我承担中获得的。很多父母对孩子太过溺爱，让孩子在成功的道路上走得太顺，直至孩子受到大的挫折，摔个"大跟头"不肯起来时，父母才知道自己对孩子的过度溺爱让他丧失了承担责任的能力。所以父母要在现实生活中让孩子学会自己做事，并学会自我承担，比如让孩子自己定闹钟起床，自己处理与伙伴的矛盾，自己去验证自己的想法等。

1. 注重学生的挫折教育。在平时的学习中多进行各种竞赛活动，在活动中正确引领孩子看待成功与失败，让孩子们意识到成长比成功重要，成长可以让我们总结经验，获得自信，失败可以让我们吸取教训，积淀经验。

2. 注重锻炼学生的意志力。在平日的教学中，要结合许多事实，注重锻炼学生的意志力，如果一个学生有百折不挠的毅力、坚忍不拔的意志和乐观自信的精神，那么他的抗挫折的能力就会很强。因此，要真正培养一个学生具有积极健全的心理比锻炼他有一个健康的身体更为重要。如果一个人在遇到挫折时，能积极自主地摆脱困境并使其心理和行为免于失常，说明他的耐力是很高的。积极的心理耐受力源于个体的心理韧性。所谓心理韧性是指个体认准一个目标并长期坚持向这一目标努力。在此过程中，做事不虎头蛇尾，不半途而废，能够不达目的决不罢休。某一学生心理耐受力的高低关系到他将来的成就与发展，那么，学生心理的耐受力是从哪里获得的呢？答案只有一个，即从挫折中来，在挫折的磨炼中造就坚强的性格，培养积极的心理耐受力。有人曾对诺贝尔文学奖的得主进行过调查，结果发现，他们中间有50%以上的人都有过坎坷不幸的童年，然而就是这些有过不幸童年的人却在自己的人生中做出了巨大的贡献。

3. 注重对学生抗挫折能力的提高与发展。我们要不断地对学生进行挫折教育，而学生所遭受的挫折应该是可遇而不可求的，是自然来临的，而不是教师或社会预设故意施加的。我们在工作中要特别注意学生挫折的数量和强度。一定数量和一定强度的挫折能使学生增加知识才干，培养学生坚强的意志、克服困难的毅力和提高对周围环境的适应能力。如果超出一定数量、突破一定强度的挫折，教师就要积极介入，因势利导，以增强受挫学生的心理承受力。对学生实施挫折教育的一个核心问题就是如何恰当地把握挫折教育的适度性。挫折教育对提高学生心理耐受性来说，绝不是越难越好，也不是越"苦"越锻炼人。教师和家长应根据不同学生的不同水平和特点，设置不同难度的挫折项目，使之既有利于提高学生积极的心理耐受力，又不超过每个学生心理的承受度。同时，挫折的实施还应有一个内在的程序，如由低到高、由易到难、由近及远，在确保学生身心健康成长的前提下，设置挫折的程度和频率。我们应有意识地让学生完成某些艰苦的项目，亲身经受挫折的考验。像以吃"苦"为核心内容的各种夏令营，这些方式有助于他们意志的磨炼，但是更持久的、有效的方式应结合学生的日常生活来进行。比如，可以通过与家长的沟通，教师有意识地提醒父母让孩子感受一点家庭生活的忧愁。在孩子面前谈论一些令父母忧愁的事，如柴米油盐的艰难，事业上的烦恼等，让孩子懂得人生的路是坎坷的。同时让学生认识到学习上的挫折也是可以战胜的，把学习中的挫折看成一个个堡垒，要学会攻破它们，去品尝克服困难后的快乐，从而提高学生的抗挫折能力。

生命因为责任而伟大厚实，责任驱动我们在这个世界上不断前行，我们身上有对生命的责任，对亲人的责任，对家庭的责任，对岗位与集体的责任，对社会的责任，这无数的责任让我们坚毅前行。那些遇到问题就轻易放弃生命的人，一方面是他们完全逃避责任，极端自私自利，他们把痛苦留给了世界；另一方面值得反思的是我们的家庭、学校、社会对孩子的责任教育不够，我们要加强对孩子责任心的教育，这样我们的孩子才能承担未来。

# 真正的学习

真正的学习是自我学习，是自主学习，是学生发自内心的学习，这种学习是从内到外的，是学习者本人主动的学习，真正体现了"我要学""我在学"。而如果是被家长、被老师不断提醒、催促要求学习，这种情况下的学习是从外到内，是被动的。如果内心不情愿就不会发生真正的学习，当老师、家长看到孩子不情愿的样子，这时候，家长、老师就容易与这个被动学习的孩子产生冲突。

早晨走进教学楼巡视，遇到七年级创新班的李老师，我看到在7点半左右的时候孩子们基本都到齐了，孩子们很勤奋。在聊到学习情况的时候，李老师说，这次疫情是个分水岭，真正学习的孩子成绩不断提升，被人要求学习的孩子学习动力就大打折扣，也就是所谓的假学习，名义上在线上听课，实际上心早飞了。期间，在上传作业的时候，有个看似很老实的男生几次交作业的时候把别人的电子作业拿来，稍做修改就上交。我们的老师是很负责任的，发现了这个情况就找这个孩子谈话，这孩子倒是很坦诚地承认了自己的错误，因为是线上作业，他就偷懒了。

开学后，经过几次简单测试，许多同学就露出了马脚。老师要求背诵的10首古诗，有个女生一首都没有背过，在居家线上学习的时候，检查背诵时，这个同学通过偷着看书也过了关，现在线下学习了，现场背诵、默写，这个同学就原形毕露了。

在我巡视到初二创新班时，我发现一个孩子没有来，问了班主任，这个孩子请假在家，她之所以居家是因为开学的线下学习，她感到比较艰苦，比较累，居家的线上学习她很自由，在线上的测试成绩也不错。现在看来，我们就怀疑这孩子居家学习的真实性。

巡视到初三，两个创新班的学习状态都不错，孩子们能主动地自觉地读书学习。现在是"一模"时期，能够看出这些优秀的孩子有些压力，但因为内心充满希望，有前进的方向，这些孩子的学习是真实的、发自内心的，他们在为自己的前途和梦想而战。

在巡视到初三普通班的时候，这些班级就表现出截然不同的状态。面临中考毕业还有几十天的时间，大家的成绩几成定局，所以，有的同学就放弃了希望，甚至破罐子破摔。可是当我们走到四班的时候，这个班级的学习氛围却深深震撼了我们。这个普通班没有老师，孩子们在自己学习，大多数孩子在三三两两地讨论问题，讨论完毕后这些孩子会回到座位上快速书写，开心的笑容挂在脸上，问题解决的快乐和知识获得的成就感直抵内心。有的同学在独立思考，从脸上的表情就可以看出学得很投入。还有的同学在黑板上展示自己的做题过程。孩子们学习得很专注，他们没有因为领导到教室巡视而改变自己的神态，也没有因为班里没有老师而不去学习。我就把隔壁班级的班主任叫到这个班里一起观察，一起研究：为什么这个教室没有老师孩子们还学习得热火朝天。被我叫来的青年老师看到眼前的一幕内心很受触动，她也深深地感受到：真正的学习是发自内心的学习。后来这个班的班主任出现了，我表扬她激活了孩子们的学习状态，孩子们发自内心地学习。这个老师给孩子们灌输的观点是："一个都不能少。""努力什么时候都不晚。""为梦想奋斗生命才有价值。""遇到困难我们一起讨论解决。"在这些精神的引领下，全级部最差的孩子在这个班里都在努力学习，班级形成了万马奔腾齐努力的状态。

教育是激励、引导、启迪。教育孩子进行自我学习、主动学习、真正学习是我们教育应该做的事情。

# 主动学习

有一种学习叫主动学习，主动学习是发自内心的，是自己想学习，是自己要学习，当主动学习发生的时候，一个人的学习潜力就会大大激发，就会爆发出惊人的学习效果。

初三"一模"之后孩子们报考哪个学校基本都有自己的方向，剩下的就是为梦想而战了。

我在初三·二班参加了该班级的成绩分析会，有两个同学的经验分享让我感受到了主动学习的力量。

张同学从级部30名之外进入到级部前10名，她分享的经验就是她对目标的竭尽全力。她跟自己的同伴成立学习共同体，在这个共同体里大家互相分享，互相监督，互相鞭策，共同奋斗。她在盟友的指导下整理了所有考试的错题，尽管老师们告诉同学们要建立改错本，但依旧有许多同学做不到位，同伴的力量是巨大的，在有些方面甚至超过了家长和老师的力量。在整理中，她总结了所有错题的原因，明确了正确的答题方法和步骤，信心大增。她又乘势而上，将各科知识进一步结构化、系统化，融会贯通。在"一模"考试中，她的成绩实现了跨越，一跃进入级部前10名，这给了她极大的信心。

她给我们的启示是，成功靠团队，一个人的力量是单薄的，自觉组建学习共同体，在共同体内进行无私的分享，进行同伴的监督落实，非常重要。知识的学习要刀刃向内，要注重反思和系统思考，要将自己的错误重新认识，将自己的错误点当生长点。要有系统的观点，将碎片化的知识形成体系，这样知识穿成串，形成网，就会融会贯通。

初三·二班另一个进步巨大的学生是李同学，她在级部里进步了58个名次，她的妈妈给同学们做了分享。她说进入初三后，李同学主动把手机上交给妈妈，让她妈妈帮助管理手机，这个举动是不得了的，以前，妈妈跟她要手机都要不出来，现在是将手机主动上交。以前妈妈看她写作业，李同学都烦，现在，李同学主动要求妈妈帮她检查作业，帮她听写。

李同学主动上交手机，主动让妈妈帮着听写作业，这些就是李同学全神贯注、主动学习的表现，她心无旁骛，让她学习的潜能极大地发挥，爆发出了惊人的学习效果。

学校里为冲刺普高，将普高边缘的学生梳理出来，专门成立了一个班级——"火箭班"。在普高边缘有25个学生左右，我们将这些学生集中在一起，单独设师资，经过沟通，这个班级很快就成立了。

初三·五班有个叶同学找到我，他向我表达因为自己"一模"的成绩不理想没有被划进火箭班，但他非常喜欢火箭班的环境，觉得这样一个学习氛围浓厚的环境将会大大提高自己的成绩，可是他找遍了老师、主任、副校长都没有得到自己想要的结果，他就鼓起勇气来找我。我听后对他的勇气表示赞赏，就让他写了一份申请书，他的申请书写得情真意切、决心凿凿，我就通知相关干部让这个孩子进入火箭班，因为，这个孩子已经表达了自己主动学习的强烈愿望，他去了火箭班，学习效果肯定很好。

或许叶同学的成功做法激励了其他同学，张同学也来到我的办公室，她说自己差0.5分与火箭班失之交臂，她的好朋友李同学也进入了这个火箭班，她非常希望进入。我对这个女生的勇气和上进进行了肯定，但我担心火箭班人数太多，就对她做了安慰，让她记住两句话：想学习，什么时候都不晚；想学习，在哪里都能学。看见我没同意，这个女同学潸然泪下，我让她回去好好努力，等待机会。她走后，我给分管主任打电话，分管主任说这个孩子找遍了所有的老师，意愿很强烈，她还让自己的母亲帮她一起来争取，看见这个孩子学习的愿望如此强烈，我们就同意这个孩子进入了火箭班。

这些孩子能够主动学习都有一个共同特点，那就是都想考普高，都想实现自己的梦想。

教育就是激励、启发、引导。当一个人为梦想而奋斗的时候，他灵魂生长的正能量都会被调动起来。

# 抓规范，促提高

要提高学习成绩，对初一的孩子来说，什么最重要？毋庸置疑，抓孩子的规范最重要。

规范是什么？规范就是标准，就是要求。

中学的学习是精确学习，要求精准，讲求步骤，讲求套路，如果不按照要求来，在中国现行的中考中是不会得到高分的。我们要让孩子得到高分，就要让孩子在初一开始培养规范意识。

## 一、规范听讲

上课听讲是非常重要的，规范听讲就要专注地听讲，跟上老师的思路，与小学不同的是，中学的课堂每天有七八个老师上不同的课，刚进入初中的孩子由小学面对几个学科、几个老师到突然面对多个学科、多个老师，如果听讲稍一走神，就会稍纵即逝，因为下一节课又会换新的科目新的老师，一天几乎没有自习课。最好的听讲是带着思考听讲，边听讲，边跟老师对话，边与文本对话，重要的内容需要记笔记，做笔记不要面面俱到，只把重点、难点、关键点记下来即可，这有利于课下复习，温故而知新。

## 二、规范回答问题

学生起来回答问题我们要求必须规范，要做到三好：第一好要站好，在回答问题前，先要站直身体，挺拔直立，阳光自信；其次要声音好，声音洪亮，要用全班都能听见的声音；第三要表达好，要表达好就要有观点，有层次。对于在这三个方面有问题的学生老师都要纠正。

## 三、规范坐姿

孩子在课桌前读书、写字都要规范。

朗读就要双手捧书，如果默读，就要将书放在桌子上，右手拿笔，不动笔墨不读书，随时注意圈点勾画，随时要做批注。

写字姿势要做到三个一：手离笔尖一寸，胸口离桌子一拳，眼睛离笔的末端一尺，做到这三个一就会腰板挺直，做一个"挺直了脊梁的中国人"。写字要横平竖直，体现字体的结构，"写好中国字，做好中国人"，写一手好字，可以在无形中给我们提高许多分数。

## 四、规范答题步骤

特别是数学，在初中讲求答题步骤，数学答题按照步骤给分，如果一步给出结果，就不会得分，因为步骤体现着思维的逻辑，如果没有步骤，我们就看不到思维的深化，如果有步骤，即使结果错了仍然可以得一部分分。

语文许多阅读题也是讲求步骤的，特别是语言赏析题，比如在体会一个句子写得如何好，我们就要按照这个步骤来：写了什么内容？怎么写的？表达了什么感情？

初一的一位同学语文小测验，满分是50分，他只得了36分，为什么扣了分，就是因为答题不规范，特别是阅读理解的赏析题，他不按照套路来，结果不断扣分，顾此失彼。在数学测试中，110分的题他只得了86分，原因是他做题没有步骤，许多题只写了结果，或者不按照步骤写导致他答题很乱，破绽百出。当面对分数，他很委屈，觉得自己都会，可是在表达的时候答题不规范导致丢分了。

孩子的智力都差不多，除了勤奋努力之外就差在是不是规范上，如果一切按照规范来，就会步步为营、步步提高、步步前进，孩子在规范的训练中就会从容自信，说话、做事、写字、答题有条不紊，有章有法，孩子取得优秀的成绩就不是难事了。

# 如何收作业？

以前，早晨到教学楼巡视，看到孩子们在交作业，这杂乱的景象感觉像在菜市场。

各班交作业的方式五花八门。有的班级在走廊上摆好了八卦阵，每个学科一摞作业，每个孩子到了门口第一件事就是从书包里掏出作业，一样一样放在地上，如果一下子来的同学比较多，整个走廊里就会乱呼呼的。打扫卫生的大姐很郁闷，因为孩子们把作业放在走廊里，导致大姐没法擦地。

有的班级要求同学进入班级后将作业交给课代表，进入教室里的同学络绎不绝，一会儿这个交作业，一会儿那个交作业，课代表根本静不下来。因为同学到校的时间是不一样的，整个早晨，课代表都很辛苦，同学们交完作业，课代表还要一个个照着单子检查谁交了，谁没交，经常有统计错误的，惹得同学和老师不高兴。这种收作业法，让课代表一个早晨都不消停，很浪费时间。

还有的班级找了两个愿意奉献自己时间的同学在教室后面集中收作业。只见这两个同学的面前摆着两张桌子，桌子上的作业堆成了山，这两个同学很勤勉地整理各科作业，进行仔细统计，到了下课的时候，这两个同学还没有统计完，看上去非常不协调，因为别的同学都在学习，这两个同学却埋在了作业堆里。长此以往，这两个同学的成绩可能很难保障，作业还不一定收好。

我们应该怎样看待作业？

作业的目的是巩固反思自己一天所学，做作业的过程就是反思提高的过程，就是学以致用的过程，就是融会贯通的过程。对于作业的态度我们一定要让孩子们重视，写作业不是为了完成任务，要把写作业当成考试来认真、专注、有效地完成，这样，到了考试的时候，考试就是写作业，就不会紧张。老师拿到作业一定要全批全改，有些需要面批面改，还有的需要特别批改，这样，孩子才会重视写作业。

如何收作业？

我们学校现在依托小组合作，小组合作不仅可以用来上课学习合作，也可以用来管理，比如，收作业就完全可以用小组合作。小组合作收作业就是化整为零。

我们可以规定小组中的1号收语文，2号收数学，3号收英语，4号收生物，5号收地理，等等。总之，每个小组统一规定某个同学收某门课程的作业，小组内人人都要交作业，人人负责收作业，这样交作业就可以采取就近原则，来了之后将书包里的作业排好顺序，依次交给组内不同的同学，交作业的时候，要打开到写作业的地方，这样便于老师批改，一个学科，一个小组，一摞作业。

小组内作业什么时间交？

交作业的时间统一定在早自习之后，各小组负责学科作业的同学将本组作业上交课代表，交作业的时候附上一张本组本学科组员完成作业情况清单，这样课代表对各组作业可以一目了然，清楚明白。因为是下了早自习的休息时间，各小组负责交作业的同学统一提交，教室里就会整齐有序，不会乱糟糟的。

对小组交作业如何评价？

课代表对各小组进行交作业的情况考核评价，作业全齐的小组给予加分；反之，作业不齐的小组进行扣分，将作业的管理权交给小组，按时上交作业是小组的一项任务。通过激励机制督促小组按时完成作业和上交作业的任务。这样的做法让人感觉到写作业不仅是个人的事情，也是团队的事情。

没有完成作业的怎么办?

对于没有完成作业的同学绝不放弃,如果没有特殊情况一定要惩罚,惩罚之一是给小组扣分,给小组扣分会让组员特别关注没有完成作业的同学,大家会督促他按时完成作业;惩罚之二是在放学后留下补写作业,如果补写作业时间过长就请家长到校接孩子,顺便陪读,不能按时回家,甚至受到家长的批评,这些都是学生不愿意做的事。

按时完成作业,及时上交作业是学生的学习习惯,我们要给学生养成好习惯。如何收作业是班级管理的智慧,只要把我们的行动拿来研究,把我们的研究付诸行动,以科研的意识做管理,所有工作都会得到优化。

# 我们的班主任都是解题高手

教育就是引领、感染。

学校里班主任是与学生接触最多的老师，班主任的作用主要是立德树人，让每个学生都有阳光向上的行为、思想。亲其师，信其道，我们常说，良好的师生关系就是学生学习的助力。

早晨一进入教室，我发现教室里静悄悄的，这是班主任站在教室侧面在看着孩子们做数学题，黑板上会写着5道或者10道数学题，孩子们在全神贯注地作答，班主任老师笑吟吟地看着孩子们在做。当看到一些同学磨磨蹭蹭，班主任会走过去提醒，然后，被提醒的孩子会手忙脚乱地收拾好一切，快速进入学习状态。

有的班主任在领着孩子们背古诗、背古文，为了加强孩子们的学习效率，这些老师还让孩子们在班内进行比赛，有竞赛就有活力，初中的孩子都好胜，只要一比赛，每个孩子都很兴奋。班主任组织各个小组参与，班内比赛完了，班主任还提议学生们进行班级之间的挑战赛，班级与班级对抗，这对学生们来说是一个极大的刺激，班级的班主任是队长，学生们是队员，当你看到这种师生互促学习的场面，每个人心中都有一种莫名的感动和温暖。

有的班主任会带领大家默写单词，我们的班主任很聪明，他们把自己孩子在培训班学习英语的做法用到自己学生身上，培训班背单词强调反复操作，他们的单词记忆一张答卷有三份答题纸，事不过三，这样在答题纸上反复进行训练就可以让学生反复记忆，每写完一遍对着答案检查一遍，错了的改过来，再写一遍，检查无误后再写一遍。培训班这种三遍记单词的做法，我们班主任用得很好，我们的孩子也很受益。

到了中午，各个班级学习的场面都是热火朝天的。你会看到许多班主任都在黑板前带着学生做题、讲题。

琛琛和劲松老师都是生物老师，但他们的数学思维能力和讲题水平已经很高了，他们会和孩子们一起比赛，当孩子们发现班主任老师与自己比赛，他们都非常兴奋，学习的劲头一下子就高涨起来了，做完题后，班主任老师马上趁热打铁给孩子们公布正确答案，并给孩子们讲述所以然。班主任陪着自己一起学习，这让孩子们既兴奋又自豪。有一次，我们干部巡视到七年级三班，班主任李老师正在给孩子们讲约分，教政治的李老师数学水平很高，这道题孩子们做了20分钟了，当看到李老师三下五除二就将一道数学题用两分钟的时间做完，孩子们钦佩地给李老师热烈的掌声。

巡视到七年级一班的时候，看到黑板上有三道数学运算题，我问班主任柳老师做完了没有，柳老师说刚要做，看见我很眼馋的样子，柳老师说："同学们，曾经是语文老师的卢校长要和我们一起'PK'数学题，卢校长在黑板上做，同学们在下面做，我们奖励前15名。"一声令下，我赶紧跑到黑板上做了起来，当我做完后，发现已经有许多同学举手示意做完了，柳老师让两个数学课代表对答案，对完后相互批阅，然后课代表给各组组长批阅，组长给组员批阅。根据速度和准确率给班级前15名发笔、糖果、本子，我担任颁奖嘉宾，同学们开心得不得了。晚上，柳老师将相关照片发给我，还表扬我说我是"有大爱的校长"，看了后我心里美滋滋的。

在如此敬业的班主任老师的带动下，学生们的学习热情不断提升，现在每个学生进了教室都想做题，用学生们的话说"不做题心里痒痒"，用班主任的话说"和孩子们一起做题，真刺激"。

# 别让比赛狭隘了我们的心胸

升完国旗，教导处主任跟我说："卢校，足球比赛搞得好，活跃了我们的校园生活，可足球比赛让班与班之间，架上了壁垒。"

我的心一紧。"有什么情况吗？"我问。

原来，初二·三班与初一·四班踢球，结果初二·三班输了，加上初一·四班班主任年轻气盛，面对胜利，她对自己班级的同学说："我们是最厉害的。"这让失败的初二·三班很是受不了，有两个同学直接气得没上第二天的早自习。

随着比赛推进，初一·四班节节胜利。

可比赛的观众席上出现了一边倒的加油现象，只要初一·四班上场，各个班级都为他们的对手加油，这让初一·四班的同学感到被孤立，其他班同学顺势说初一·四班班风有问题，这让初一·四班的同学更加伤心。

教导主任还兼任初二·四班班主任，在初二·四班与初二·二班的比赛中，作为教导主任为初二·二班加了油。下午第一节上课时，全班没有一名同学回答问题，教导主任认为他们是下午上课困了，后来有一名同学告诉了教导主任，同学们不是困了，而是觉得教导主任作为他们的班主任胳膊肘向外拐，她向着二班，这让教导主任很委屈。

初一·三班班主任王老师跟初一·四班的同学说："我们与二班踢球，你们要给我们三班加油，届时做到了，可以减作业。"结果初一·三班依然输了，作为班主任王老师很恼火，她忘了给四班的同学减作业的承诺，这让四班同学很失落。

听了这些情况，我陷入了沉思。

体育精神是什么？我们举办足球赛的意义又是什么？

举行体育活动除了学习体育知识、掌握体育技能外，更重要的是提升体育精神。体育精神是一种拼搏精神，是更快、更高、更强，在赛场上探索人生极限，挥洒汗水，拼搏到底。

体育精神是一种坚持精神，上了赛场就要坚持到底，有些马拉松选手或竞赛选手，因为体力或身体原因，他们夺冠无望，但他们都咬紧牙关将比赛进行到底，赢得人们的阵阵掌声。

体育精神是一种乐观精神，体育精神体现的是一种自信、阳光、向上，当跳高运动员跳高时，他的心灵首先从横杆上跨过去，然后他的身体才能从横杆上跨越，如果心过不去，身体就可能过不去。

体育精神是一种公平、诚信。比如，为了取得优秀成绩在比赛中有些选手服用兴奋剂，这种不诚信不公平的做法是为人们所不齿的。

体育精神是一种合作与谦逊，在足球、篮球、排球赛等合作项目的比赛中，不管个人水平多高，但如果缺乏合作终究会失败。赛场上对对手的尊重是一个国家、民族、一个人有素质的表现，你可以战胜对手，但必须尊重对手，"友谊第一，比赛第二"，比赛不是为了增加仇恨，而是为了增加友谊，增强理解。

体育精神也是一种不服输的精神，拳击场上最可怕的不是击败对方的拳头，而是击倒后总能站起来的拳手，你100次击倒我，我101次站起来，这种不服输的精神常常令人心生敬意。

体育精神还有很多正面的解读，狭隘的胸怀是绝对理解不了体育精神的魅力所在的，真正的体育精神会让我们心胸更开阔，身体更强壮，精神更丰盈，人格更高大。

作为老师，我们应该正确引导学生客观地认识体育精神。

# 从11名优秀到42名优秀

中午我和张校长巡视到初三A班，碰见班主任张老师在点评作业，我们不由得停住了脚步。

张老师所讲授的学科是历史，学校实施分层走班，她也找过我，原因是她带的学生跟了她两年了，孩子们与她建立了深深的感情，她不舍得这些孩子，如果实在要分层，她可以教B班，毕竟自己的历史学科不是语数外。我对她的提议很理解，她是级部长，是班主任，非常有责任心，她的话，我是很重视的。但思来想去，为了学校的整体发展我们还是让这个年级的同学进行了所有学科的大分层，鉴于去年初三分层只分了数学、外语、物理、化学，学生们上午分层，下午回到教室，老师在辅导的时候常常找不到学生，学生一会儿在行政班，一会儿在分层班，波动比较大。吸取去年的教训，我们开始了大分层，这样老师和学生都相对稳定，我们进行A、B班分层走班，根据成绩进行滚动，张老师担任了一个A班的班主任。

昨天，张老师碰见我说，数学老师告诉她，同学们的作业不规范，"A班会有多少个同学不规范？"当她听到只有11个同学优秀的时候，她心里咯噔一下，毕竟在44名同学的班级里，11个优秀的同学只占了1/4。

"怎么办？"

今天又要发作业了，数学王老师告诉张老师："优秀太多了，有42名同学是优秀。"

我们走进教室，就碰见张老师在表扬这42名同学。

"为什么昨天11名，今天就有42名了？"张老师问。

一个同学站起来回答说："老师，是因为大家的态度变了，大家变得认真了，所以优秀的人数提高了。"

"这个同学说得有道理，我认为大家首先要感谢开始得到优秀的11名同学，他们让我们找到了前进的方向，我觉得还要感谢大家的集体荣誉感，这些同学肯定觉得我们都是A班的同学，我们都是最优秀的同学，我们不能给班级丢脸，所以大家都加了劲，我为同学们心里有集体而感动，我建议，给这42名同学每名同学加2分，把掌声给他们。"张老师深情地说："同学们，班里另外两名不合格的同学也主动找到我，他们告诉我没有得到优秀的原因，这两个同学看起来很紧张，很不安，我想，他们肯定觉得没有给集体争光而惭愧，现在这两个同学知道了自己的错误所在，我想他们两个下次也会得优秀，我们用掌声给这两名同学加油。"

从11名优秀到42名优秀是质的飞跃，这里面折射出老师的爱与智慧。

张老师非常善于激励同学，让同学们从榜样身上找到方向，当同学们的成绩都提高了的时候，她马上给这些孩子进行激励、肯定，更重要的是，张老师引领学生从集体中寻找力量，让每个学生时刻想着集体。很可贵的是，她还给了两名没有得到优秀的同学尊重和保护，保护了他们的自尊，给了这两个同学向上的力量，我想，下一次，这两个同学肯定也会做到优秀。

张老师的教育智慧是她对孩子大爱的体现。张老师的爱体现在她尊重每个学生的人格，关爱每个学生的心灵，她以激发每个学生的潜能为自己的使命，以促进每个学生的成长为责任。

# 选择宽容

教育的目的之一就是培养学生拥有一颗善良、宽容的心，让学生向真、向善、向美。

一位马姓同学在某私立学校因为成绩落后，加之师生矛盾、家校矛盾在原来的学校实在待不下去了，暂时在我校跟读，主任将这个孩子安排在初二·一班张老师带的班。小马同学来到班里后，张老师和全班同学给了他理解、包容和关心，去温暖帮助他。或许在私立学校待了一年多的小马心已经结了冰，面对同学的温暖和善意他并没有阳光、积极起来，他的脸上很难见到笑容。可以看出，他没有完全融入这个新的团队，对于班级活动他是不冷不热的，更严重的是他弄虚作假让他妈妈替他写作业，这个问题被老师发现了。

怎么办？他本身就是一个暂时跟读生，面对他的表现，面对他的这个错误，现在的班集体完全可以让他离开。班长小苗同学召开了班会，讨论是否让小马同学留下。

有的同学认为小马应该为他的错误买单，他既然犯了错就要接受惩罚，一定让他离开，这样对其他同学也是一个警示，不诚信犯了错就要受到惩罚，这样可以避免大家再犯错误。

有的同学认为应该给小马一个机会，没有谁不犯错，不能犯了错就一棍子打死。

面对不同的处理意见，班长犯了愁，班主任张老师也很矛盾：到底是让小马留下，还是离开？

张老师回到办公室思考这个问题。"跳跳虎"小张跑到了张老师办公室。

小张曾是班里最调皮的学生，但现在的小张积极向上，在这个班级幸福地成长。小张在小学三年级的时候就很叛逆，在四到六年级的时候几乎没人敢去教育小张，小张每天像一匹野马一样在校园里横冲直撞，小学的老师忍受着，他们都盼着小张快点毕业。小张小学毕业后，进入了四中，进入了张老师的班，所有的小学老师和家长都给四中、给张老师捏了一把汗，担心他会搅乱四中，搅乱张老师的班。幸运的是，张老师与班级的孩子给了小张正能量的引领，慢慢地，小张不仅没有变坏，还变成了一个归属感、荣誉感极强的孩子。

张老师问"跳跳虎"小张来办公室干什么？小张显然情绪很激动，他对张老师说应该给小马一个机会，谁都有犯错的时候，不能犯了错就一棍子打死。说着说着，这个小张竟然痛哭流涕起来，他情绪失控，蹲在墙角请求张老师给小马一个机会。

很显然，"跳跳虎"小张想到了自己，同理心让他想给小马争取一个机会。"跳跳虎"的善良深深打动了犹豫不决的张老师。张老师决定给小马一个机会，"跳跳虎"开心地走了。

张老师带领班长、组长、小马母亲、小马召开了一个圆桌会议，在会议上，张老师和同学们直言不讳地指出了小马和他母亲的问题，大家给小马提出了方向和建议，小马的母亲深受教育，小马很受触动。

小马向全班同学做出了承诺，大家都表示欢迎他继续在班级跟读。小马对同学们和老师的包容很是感激。

张老师还给"跳跳虎"小张和小马照了个合影，照片中的小张搂着小马的脖子，他们就像患难兄弟一样喜笑颜开。

碰巧张老师要过生日了，全班同学都想为张老师过一个有意义的生日，为张老师录制了班级祝福视频。面对孩子们满满的爱，张老师内心满满的幸福，路过的老师看见了都满满的感动。张老师对包含小马在内的所有同学说："因为你们，老师无比幸福，尤其是给我祝福的今天，一个同学都没少。老师为你们自豪，即使给我一个全市最好班级的孩子跟我换我也不换！"张老师看到，小马同学的泪水滑落脸庞，显然，小马同学被老师和同学们的包容和爱深深触动了。

教育就是心灵的转向，教育就是改变，教育就是生长。教育就是让孩子心灵柔软，拥有爱、温暖和宽容。

# 要主动引领学生成长

教育是心灵转向。说到底，教育就是影响人，发展人。

早晨巡视到初三级部，发现初三·四班班主任范老师在黑板上给同学们梳理数学知识结构，她一节一节、一章一章地梳理，孩子们学得很认真，听得很专注，一个个挺直了身子，伸长了脖子，嘴里不断回应着，手里不断书写着。这个班是人文班，是学校B层学生，学生能有这个状态，是让人很感动的事情。

巡视到同样是人文班，同样是数学老师李老师当班主任的初三·五班，李老师坐在教室的前面，他什么也不说，时而看看手机，时而看看学生，孩子们的坐姿千姿百态，横七竖八，脸上全无斗志，一墙之隔，孩子和老师的状态完全不一样。

我走到李老师眼前，向他笑了笑，他马上站起来与我回应，看见我不说话，他主动对我说："校长，你看，我这个班守得怎么样？"从他的问话里可以看出他对自己还是比较满意的，他觉得他把B层的班级带成这样就很好了。我笑了笑，我没有否定他，我对他说，对于班级的治理我有两条建议。

第一，要除掉田里的杂草，最好的办法不是看见草长出来就把他除掉，守在地边等着杂草冒芽，就像"守株待兔"。除掉杂草最好的办法是在田里种庄稼、种鲜花、种菜，总之，在田里种上阳光向上、有意义的物种。

第二，进攻是最好的防守，我们不要守，而是要进攻，作为年轻班主任，李老师是东北师范大学的高才生，要发挥自己善于学习的优点，仔细研究本年级每个班主任的风格，分析出他们的优缺点，结合着自己本班的情况，进行不断实践，总能找到适合本班孩子的好做法。

李老师听后似有所悟，我带着他走进四班范老师的教室。这个时候范老师正带领着学生复习三角函数，范老师让一个学生起来回答问题，这个学生没有回答上来，但这个学生脸上没有难堪，没有沮丧，他依然将身体前倾着，在努力听讲，他在试图搞明白这个问题。

这个被点名回答问题的学生是大家熟悉的，他在初一初二都是李老师班级的学生。在初二的一年，我到班级巡视的时候，他总是趴在桌子上，有时候甚至将一件衣服套在头上，在巡视的时候，干部需要不断提醒这个学生，他睁开眼也是睡眼蒙眬，根本就不是要学习的样子，大家都认为这是个没有希望的学生。可是，这个孩子到了范老师的班级却突然变了，范老师没有放弃他，给他一点点补知识，他一点点学会，信心一点点树立，他树立了要考重点职业高中的想法，范老师要帮他实现梦想。

我对李老师讲："你看这个学生是装的吧，数学是讲逻辑的，他初一初二都没有学，到了初三就是断崖式的，不可能听懂，可是，我每次到班级巡视，都发现他装得挺认真。"李老师笑了笑："如果每次都装就是真的。"

我是想让李老师知道，同样是B班，人家范老师的班级为什么这么有凝聚力？大家都全身关注学习。为什么咱们的班级就是一盘散沙，大家精神涣散。为什么同样一个学生，在他带的班级里睡了两年，到了初三难度最大的时候换了班级和老师，这个孩子不睡了，在努力地清醒着。

为什么同样的班级会出现不同的样态？为什么同一个学生不同的班级和老师面前就表现出不同的状态？

我真的想让他想明白，教育就是启发、激励、引导，教育不是"不为"，而是要主动"作为"，对孩子要主动引领，因为教师的教决定了学生的学，有什么样的引领，就有什么样的精神样态，就有什么样的成绩。

# 记一次家访

学校实行全员育人导师制，我拥有了10个弟子，我们导师制有个规定，作为导师要到弟子的家里去家访，进行家长、学生、导师三方会谈。

下午的时候，我找到初三·三班的陈同学，我告诉他：晚上放学我要跟他一起回家，进行家访。我又问他父母是否在家？他说在家。

家访是学校规定，可我们的许多老师要家访都遭到了家长的拒绝。我为自己的决定感到得意，因为我这样做家长没法拒绝。

放学后，陈同学到办公室找到我，我与他坐上车直奔他家里而去。不到10分钟就到了他的家。迈入一个狭窄的小门，正对着门的是一个洗刷的椭圆形洗手池，旁边是一个公共洗手间。抬头，我看到住户是筒子楼，怕太突然，我让陈同学先上楼，让他告诉家长：校长来家访了。

5分钟后，陈同学跑下楼来领我上楼，楼梯是木头的，很陡。我扶着墙走上楼，一进门，陈同学的妈妈微笑着欢迎我，她40多岁，齐耳短发，穿着素淡的衣服。走进门，我不知道应该坐哪里，一个过道摆着灶具和一张床，走过过道是一个六七平方米的房间，房间里没有电视等电子产品，或许房子太小摆不开衣橱，墙上挂满了衣服。房间里只有一张大床，显然是他父母的。紧靠着床边是一张小小的电脑桌，这就是陈同学学习的地方。看我站着，陈同学的妈妈似乎有些尴尬，我赶紧找了一个圆凳坐在电脑桌旁边。我问陈同学妈妈做什么职业？陈同学回答道："做销售，在超市里当营业员。"正谈着，陈同学的爸爸回来了，一个皮肤黝黑，头发微秃，身高1.75米左右的男子。我向他做了自我介绍，他告诉我他曾经是一名志愿兵，转业后在一所学校里打工。

一阵寒暄过后，很快步入正题。我们开始了今天的家访。

1. 我问陈同学早饭怎么吃？

陈同学说家长给他做。我说有父母给做早饭是很有福气的，学校里很多孩子的父母没有时间给孩子做早饭，所以，学校开始给孩子提供早餐。他的父母听后自豪地笑着。

2. 我问陈同学的中考目标是哪里？

孩子坚定地说是崂山一中，因为崂山一中的篮球很厉害，他喜欢篮球。我告诉孩子喜欢篮球很好，这让我们拥有一个好身体，当学习累了就可以去打篮球放松一下。

他父亲很认可，但有点忧虑地说孩子对篮球有点痴迷。我马上对陈同学说，喜欢打篮球不错，但痴迷就不好了，这会影响学习的主业，打篮球是业余爱好，这个爱好是为主业服务的。陈同学点头表示认同。

3. 我问陈同学的优势学科是什么？弱势学科是什么？我们该怎么做？

既然目标有了，我们就要知道现在与崂山一中的差距在哪里。

陈同学告诉我他最优势的学科是物理和语文，这两科能拿优秀，弱势学科是英语和数学。我给他建议：不要慌！知道自己弱在哪里就要有针对性，要从课本入手，英语多背课文，背得多了语法自然通了。数学从例题开始，看完后再去做课后习题，这样一环扣一环慢慢就明白过来了。我会告诉老师，让相关老师在这些弱势的地方多关注陈同学。

4. 我给陈同学和家长的建议有哪些？

我对家长的建议：要创造一个温馨安全的环境，让孩子感受到父母的爱；做好后勤保障，如做好早餐；多陪伴，多激励。

我对陈同学的建议：有了目标就去奋斗！让自己的优势学科更加优秀，让自己的薄弱学科有针对地弥补。相信自己，只要努力，只要有方法，办法总比困难多！

5. 询问家长对学校有什么建议？

家长对老师充满了感激，他们非常认同我的到来，他们感到自己的孩子很幸运，并向我表达了对任课老师的感谢。

家访在三方互动中愉快地进行着，我看到陈同学的父母眼睛都湿润了，我想，这泪水来源于学校、老师对孩子的爱。

我也明白了为什么许多家长不愿意让老师到家里去家访的原因，家长有自己的自尊心，他们不想自己困窘的家庭状况让别人看见，尤其是孩子的老师看见。我想这是他们对教师职业的理解不够透彻，没有大爱，没有高尚人格的人是不能当老师的。

在狭窄的小屋里，陈同学父亲找来邻居给我们一起合了影，照片中，我们都把大拇指给了陈同学，我们相信：孩子、家长、老师一起为孩子加油，孩子一定会力量满满！

二

课堂组织篇

创设适合每个孩子的教育

# 好课程衔接孩子美好的未来

课程决定了培养什么样的人，怎样培养人。课程是办学理念的充分体现，是育人目标的落地支撑。

斯宾塞认为，课程是跑道，不同的课程为不同的孩子设置不同的跑道，让不同的孩子在不同的跑道上奔跑，实现自己的目标。

日前有幸与温州百里路小学的李校长、东北师范大学南湖实验学校刘校长一起探讨"课程"这个话题。

李校长是语文特级教师，来自教学一线，有教育情怀，是一个很有才华的校长，她用一个个课程故事表达着她对课程的理解。她认为课程是"美好的旅程"，孩子小学6年的经历和生活都是美丽的课程，"课程不是先天的，是内生出来的"。她的表达极富诗意，把对每个时期孩子的教育做成了课程。如入学课程，她注重仪式感，仪式感会让事情充满意义。开始是印手印，家长与孩子印手印，后来感觉手印擦不去，就改成家长孩子在纸上写祝愿的话，然后将手印印在上面，把这个心愿和手印塑封再与校长合影就可以成为保存一辈子的记忆。如行走课程，她设置了"拍照十关"课程，将能体现"友情""家乡""祖国"等10个核心主题的景点用10张照片拍出来，这样的课程轻松愉悦，同时将"情感""温度""价值观"无痕迹地渗透其中。李校长善于创新课程，像传统的"庆六一"，大家忙于演节目，李校长就将"六一节"庆贺变成"森林派对会"，以家庭为单位，走红毯，穿上各种动物的服装进行T台秀，既过了充实、快乐、愉悦的"六一节"，让大家热爱自然，又增进了家庭成员间的感情。

我深深地被李校长"自然生长"的课程观感动，课程不是先天预设，是在教育过程中，因为生命的激扬发展而产生，课程是为了生命生长得更灿烂。

刘校长与李校长"自然生长"课程观的产生方式是截然不同的，他认为课程是按照育人目标"提前规划"出来的。

刘校长充满着理性，他是博士、硕导、特级教师，是学者型校长。他将课程按照功能划分为基础型、拓展性、研究性，从顶层设计、学校办学理念、育人目标开始，延伸出要培养的学生素养，进一步架构课程，将课程图谱化，按照内在逻辑，将课程系列构架，有目标、有方案、有评价，从顶层到落地支撑，从上到下形成一个完整的体系。这些课程与当地的文化、学校的背景紧密相关，像南湖实验学校注重南北融合，课程跨界，以"东师底色"与"红船精神"为引领，培养"五向少年"，课程机构严密、内容丰富，形成了内在的逻辑体系。

李校长的课程观是"自然生长"从下到上，从实践到顶层设计；刘校长的课程观是"提前规划"，从上到下，从理论到实践，他们两个途径不同，但都达到了育人的目的。

我认为课程是"桥梁"，是"纽带"，好的课程衔接着孩子的美好未来，不同的课程为激发不同孩子的兴趣服务，兴趣是孩子努力探究学习的不竭动力，无兴趣不学习，好的课程为孩子的未来提供了落地的支撑，将孩子的兴趣在课程中转化为素质与能力，而这些素质与能力又可为孩子将来生活从事的职业奠定发展和幸福的基础。

"创设适合每个孩子的教育，让学生健康、快乐、幸福地成长"是我们的办学理念，基于这一理念，我们确定了"让每个孩子都站在舞台正中央"的行动指南，所有教育教学都以学生成长为中心，老师以激发孩子的潜能为最高荣誉。

我们基于"人文固本，科技求真，艺术修身，中西融合"的核心素养，为孩子提供"国学院""文学院""科学院""体育学院""艺术学院""传媒学院"六大学院课程，让专家、教育、名人走进孩子的课程，每周开设"星空讲坛"，让孩子"仰望星空"。

开设"人文、科教、艺术、体育、领导力、国际视野"六大类社团、选修课程让孩子追逐更好的自我。

"科技、艺术、体育、文化"四大节日课程，以期中期末质量检测为界限，进行合理安排，让孩子每天的生活轻松愉悦，为不同兴趣的孩子提供展示自我的舞台。

每日的"课前微微讲堂""阳光千米跑""书法""午休""餐饮""礼仪"等课程，让孩子"文明其精神，野蛮其体魄"，动静结合，张弛有度，男生具有君子气度，女生具有淑女风范。

"每周一星，月度人物，年度人物"的风云人物评选，"七彩阳光卡"的学期过程性评价，"人生规划手册"的年度引领，"形象大使"的标准示范，这些激励课程让孩子们每天浸润在正能量的激励中，变得更加阳光大气。

我校课程为培养"未来意识，领袖气质，家国情怀，全球视野"的学子奠定了坚实的基础，初中生活很美好很短暂，初中生活不仅有学业的学习，更有诗歌和远方，我们要用自己的努力，创设适合每个孩子发展的课程，让这些课程衔接孩子们美好的未来。初中孩子正值青春芳华，当孩子回首他的初中生活的时候，我们希望每个孩子都有最美时节最美的回忆，从这个意义上讲，美丽的回忆就是爱，所以他会念念不忘。我们希望学校的课程让孩子多年以后的回忆充满"青春气息、青春精神"，充满幸福和爱的甜美。

# 课堂，让学生站在舞台正中央

课堂是学生学习的时空，老师是这个时空里学生学习的引领者、推动者。

学校推行"问题探究，互助合作"五步导学法，让学生自学—互学—展学—导学—固学，课堂是学生在学习，课堂是学生在成长。

目前，四中的老师对这一教学法已经基本理解、认同、实施。

新学期我们要求各班必须明确小组的1~6号的同学，明确各个同学的职责，我们的小组合作包含着青岛即墨28中的师徒合作。即墨28中的师徒合作是两个同学合作，一个师傅带一个徒弟，是典型的兵教兵，但我们认为两个同学合作固然明确、快捷，但不利于讨论，尤其对于有难度的题，一对师徒是讨论不起来的，如果有三对师徒就有利于讨论，这样小组内三个师傅搞清楚了，师傅再去教徒弟，就会大大提高合作效率。

我们进一步明确了加分激励机制，加分按照小组内的学员号加分，比如1号回答问题就加1分，6号回答问题就加6分，号愈来愈大就说明学习愈来愈困难，这样，这个同学加的分就越高。这对小组内学习较弱的同学是一个非常大的激励，因为他能回答问题就会给小组带来更多的分数。

谁来加分？

我们规定，谁给小组获得了分数，谁就上台给自己小组加分，这种上台加分的感觉会给学生以强大的荣誉感，获得分数的同学也能获得强大的归属感，被人注目、赞美的感觉是莫大的幸福。

戴老师教初二数学，我听过多次她的课，她最大的缺点是以自己为中心，只管自己讲得酣畅，不关注学生学习的状态，所以她的课堂尽管手足并用、激情慷慨，可是总有许多学生开小差、睡觉，这些学生听没听，她是注意不到的，学生很少讨论，很少展示，整个课堂很沉闷，下课了，她认为自己的教学任务完成了，可实际上，学生学会的不过1/3，每次评课，她都会被我无情地批评。

今天的这堂数学课，戴老师讲的是"勾股定理"，我欣喜地看到她发生了巨大的变化，课堂已经真正变成了学生学习的课堂。

她从毕达哥拉斯证明到我国古代的赵爽再到美国总统约翰逊，对于不同的知识点，戴老师根据学习目标，分类推进，步步为营。最让我满意的是推导的过程，推导的过程就是思维不断深化的过程，戴老师让学生先自学，思考之后再让小组内讨论学习，对于解答好的小组，戴老师让同学上台展示，在展示的过程中戴老师进行点拨导学，将每个证法的易错点和难点给同学们点出，同学们有种豁然开朗的感觉。

我们能看到学生最大的喜悦是攻克难关获得成绩，孩子们在同学、老师的帮助下将原本不会的题突破了，这时候的孩子是最开心的。我们相信，这种情况长此以往，孩子们就会获得更多的自信。

在同学们都掌握了勾股定理证明的过程和方法之后，戴老师接着拓展和延伸，让孩子们去做题训练。整个课堂学生都在思考、合作、展示、整理、提升。她的不足之处是对小组的加分力度不够。

臧老师是一个对知识掌握非常娴熟、激情澎湃的语文老师，她的激情也点燃激活了每个学生，每个学生都热情高涨。

臧老师带领同学们学习《岳阳楼记》，这篇古文的背景交代完毕之后，她主要进行古文翻译。臧老师带领同学们学习的流程是：让同学们对照课下注释自己翻译，拿不准的划下来，小组合作进行讨论；老师会根据小组互学的情况进行提问，如果有不会的小组，让会的解答，如果都不会，这时候臧老师再解答，如果大家都会了，臧老师就会提问同学，在提问的时候，引领大家将重点的字词句进行解答、强调、归类；在最后巩固的时候，臧老师让孩子们整理，做到对内容真正的理解。

臧老师的不足之处是对师傅带徒弟的规则不是很清楚。

纵观这两节课，课堂70%的时间都是学生在学习，学生站在了课堂的中央。我们相信，经过我们进一步强调引领，学生学习的主体性地位会越来越突出，学习能力会越来越强。

# 课堂要把握好让学生站在舞台正中央的度

课堂让学生站在舞台正中央是以学生学习为本的具体体现。我们的课堂就要体现以学生的学习为本，要让学生成为课堂的主人翁，课堂是学生学习的学堂，学生是主动学习者，教师是引领者、设计者。

历史组是学校"问题探究，互助合作"五步导学法的先行组，历史组走在了全校的前列。

张老师引领学生进行"世界航海"的学习。

进入教室，在课前2分钟，小石同学为大家听写上一节课的重点知识，小石同学不慌不忙进行听写，听写完毕后，课代表批阅组长的作业，组长批阅组内同学的作业。

在张老师简单导入后，佰豪小组带领大家学习本课内容。

2号同学进行麦哲伦的演讲，1号同学作为小讲师进行授课，3号同学进行本课思维导图的训练，4号、5号、6号同学进行练习题的巩固训练。

整个分工井然有序，都按照小组分工合作进行。

2号同学的演讲用时2分钟，很快就完成了麦哲伦的演讲。

1号同学作为小讲师唱本节课的重头戏，他带领大家探寻航路的热潮：从迪亚生探望好望角到哥伦布发现美洲，到达伽马发现印度，再到麦哲伦进行环球航行，这名同学的课件准备充分，带领大家进行了有效的学习。

但是他毕竟是一个学生，挖掘课堂的深度和广度是不够的，在这种情况下，张老师不断进行点拨，引领学生深入探究，比如，她对开辟新航路抛出了四个问题：为什么去？靠什么去？怎么去？去了后怎么样了？这四个问题就把这节课的知识串起来，将碎片的知识马上系统起来，让知识呈现逻辑性，而这些学生是做不到的。

课堂的高潮是小讲师探讨如何评价哥伦布，从欧洲国家讲，他们认为哥伦布传播了欧洲的文明，使世界经济一体化；从印第安人来讲，他们认为哥伦布是一个恶魔，他侵略占有了美洲，破坏了当地的生态。

由于学生达不到把控课堂的能力，他没有安排学生进行辩论，就直接得出结论。

课堂最能撞击大家灵魂的地方是一幅图——《饥饿的苏丹》，一张秃鹫盯着一个垂死的儿童，准备吃掉这个儿童。资本主义就像一个秃鹫，它盘旋在高空，哪个国家弱了就会俯冲过去吃掉它。

学生因为知识面，把控能力不够，给大家的冲击就不够。在评课的时候我们肯定张老师以学生为中心，课堂自主、大气。但因为学生个人能力不够，如果让学生把控整节课堂，就要充分对学生进行指导，进行沟通。最好让学生就一个片段进行讲解，因为学生不能代替老师。最重要的是这堂课因为学生讲得慢，到最后没有时间对知识进行梳理和巩固。

让学生进行自主学习是一个正确的方向，但学生对知识的讲解是代替不了老师的，在学生展学后，老师要进行导学，点拨升华。老师是学生学习的引领者、推动者，是课堂的设计者，我们不能为了提升某个学生的素质就把整个课堂都交给学生，让学生站在舞台正中央要把握好度。

# 学习方式不同学习效果截然不同

　　一堂课学生的学习方式不同，学生的学习效果就截然不同。

　　课堂上学生采取什么样的学习方式是由老师来决定的，老师采取灌输的学习方式，这个课堂就死气沉沉；老师采取让学生主动学习的方式，这个课堂就生机勃勃。可见，学生学习的方式，学生的学习效果，取决于课堂的引领者——老师。

　　我连续听了两节初二的数学课，这两位老师教龄都有十几年，年富力强，教学基本功都很扎实，备课都很认真，工作都很努力，可他们给我们呈现的课堂样态迥然不同。

　　当我们走进A老师的课堂，这名老师很敬业，从课前2分钟这名老师已经开讲了。这个老师除了反馈一下同学们的作业情况外，整堂课基本上都是自己在黑板上讲述课本上的两个习题，老师讲得很投入，在黑板前还带着动作来讲述这两个题目的做法。

　　我观察了一下课堂，有3名学生没有拿出书来，在我们听课老师督促下，他们拿出了书。还有一名同学甚至在偷玩手机，被听课老师抓住。很显然，这个老师没有抓住学生，作为一名工作多年的老师，竟然有三四名同学没有做好上课准备，这种情况只能说明老师只专注于自己，心里没有学生。

　　在整个课堂教与学中，老师的讲授占了课堂绝大多数时间，我们能看到，当老师提问的时候，基本上没有同学举手，面对题目的理解，同学们没有思考和同伴碰撞的时间。而整个课堂的学习内容也只是两道数学题，到了下课时间，究竟学生掌握了多少，是否都学会了，这个老师是不知道的。更加可惜的是，这两道题也是前面的作业，这位老师布置了让同学做的，但同学们的掌握情况这个老师是不知道的，更谈不上发现孩子的亮点在哪里？孩子的问题出现在哪里？孩子的困惑点在哪里？很显然，这堂课的学习方式是以老师自我为中心，老师没有关注到学生的学，老师也没有组织学生的学，这样的课堂效果可想而知。

可当我们进入同年级另一个数学老师B老师的课堂，我们会感到自己被激扬起来。

B老师针对昨天的作业，组织同学讨论自己做错或不会的题，小组合作马上运用起来，在热烈短暂的讨论中每个同学都很投入。因为有了自学的思考，经过小组同学的点拨，孩子们马上就掌握了昨天的作业，在老师问还有没有不会的时候，同学们都表示已经掌握。

这堂课是一节不等式性质的课，老师以导学案为抓手来引领课堂。老师由浅入深，由现象到规律，而且规律由学生得出，在碰到疑难处，老师马上组织孩子们进行讨论，并随时进入各个小组参与讨论，了解各个小组的学习情况。在经过小组讨论之后，孩子们都掌握了，这个时候，老师让孩子们进行展示，满教室都晃动着孩子的手臂和急切的声音"老师让我来，老师让我来"，老师甚至到了不知道该让谁回答问题的状态，因为叫谁回答问题，谁就可以为本组加分。在同学们回答问题完毕后，老师接着就进行导学，点拨升华。然后马上进行固学，学以致用，让孩子们做导学案的题目进行巩固，在同学们做题的过程中，老师批阅小组长的答案，接着老师让小组长批阅组员的答案，在批阅过程中，小组长会及时给组员讲解做错的原因是什么。这样，知识先学后教，当堂训练，孩子的知识马上得到落实。当涉及难度系数较高的题目，老师会启动班里的讲师团，让小讲师到黑板前给同学们讲述，孩子们用自己的语言讲得有板有眼，通俗易懂，俨然是一名非常熟练的讲师，大家对讲师报以热烈的掌声，整堂课学生做、学生讨论、学生讲、学生练、学生教，课堂生机勃勃，体现了"问题探究，互助合作"五步导学法，整个课堂呈现了"民主、快乐、互助、高效"的样态。很显然，B老师以学生的学习为中心，她心里全是学生，所以整个课堂都让学生站在课堂的中央，学生在老师的引领下进行了充分而主动的学习，这样的课堂效果也是可想而知的。

课堂有了对比就有了不同，究竟哪种课堂更能让学生健康、快乐、高效地学习？每个老师心中都有了答案，作为拥有课堂控制权的老师如果实现了从以课堂老师"教"为中心转为以引领学生"学"为中心的做法，学生的生存状态、生命状态都会有质的飞跃。

# "问题探究，互助合作"学习模式探究

教学有法，教无定法，贵在得法，教学模式是教学法的创造，如果没有一定的教学模式作引领，我们在教学中就经常找不到方向，特别是一些年轻教师，他们没有经验，常常无所依靠，无所适从。

有模式不等于模式化，模式化是完全套路化，当我们教学完全套路化，就会导致思维僵化，这时的模式就成了阻碍我们教学的桎梏。真正的教育工作者都会经历教学模式从无到有，再从有到无的过程，就像武林高手有了强大的内功，可以没有任何武器，因为一切物品都可以成为他的武器。

我们研究的课堂学习模式是"问题探究，互助合作"。

## 一、实施原则："民主、快乐、互助、高效"

1. 民主：所谓民主是每个学生都参与，不放弃每个学生，每个学生都得到尊重，都有获得感、成就感。

2. 快乐：所谓快乐是一种轻松、愉快的氛围，学生在这样的氛围里不压抑，没有学习的痛苦。快乐更是一种获得知识的愉悦，学生最大的挫败感是学不会知识；反之，如果学生学会了知识就会从内心生发愉悦之情。

3. 互助：互助有二，一为"生生帮助"。"潜能生"因为知识的困惑主动求助"优秀生"，"优秀生"为"潜能生"答疑解惑，这样老师就有了无数助手，"优秀生"因为知识的讲解从而更好地掌握了知识；二为"师生互助"。教师对学生的启发引领是毋庸置疑的，但学生思维的灵动，可以给老师很多启发，我们老师可以从中受益，这样教师和学生就实现了教学相长。

4.高效：高效是一节课追求的目标和效果，如果没有高效，教与学就失去了意义。高效既指学生当堂完成了学习目标，同时又有学习能力，思维、素质的提升。

### 二、实施载体：导学案、小组合作

导学案是全体老师根据课标、教参、教材要求、学生的学习状况，将学习内容结构化，根据学习内容设置适当的问题激发学生去探究。苏格拉底认为"优秀教学的本质在于那些组织的恰当的问题"，老师提出的问题应该是能启发学生思考的真问题，因为只有真问题才能活跃学生的思维，浅层次的问与答，是假问题的堆砌，会导致真问题没有时间解决，导致课堂低效能。"问题探究"就是以问题为导向引领，通过导学案进行落实，培养学生的自学能力。

"小组互助合作"课堂教学改革主要从学生的角度，从学生学习实际出发，帮助并促进他们自主学习。解决的是"学什么""怎样学"的问题。"小组互助合作"课堂教学改革把教学重心从研究教法转变到研究学法上。教师的主导作用体现在教师从帮助学生学会学习出发，按照从易到难，从表面到本质，从特殊到一般的认识规律，有目的、有层次地安排学习活动，教师要从主演变为导演，走下讲台，深入到学生中去，指导学生正确地学习，让学生的学习活动贯穿整个课堂。

### 三、实施流程

自学→互学→展学→导学→固学。

很显然，"问题探究，互助合作"教学模式是一种以学生学习为中心的"学本"式自主学习方式。

1.自学：创设情境让学生自己学习，这种学习有激活旧知并将旧知作为获得新知桥梁的作用。自学需要教师设计高水平的问题，这些问题可以贯穿全文中心，太易会让学生失去挑战动力，太难会让学生失去挑战能力，唯有恰当的设计才能引领学生前进。

2. 互学：根据问题进行的生生与师生的探究。老师要善于倾听，不可轻易回答小组内学生的问题，因为轻易的回答会破坏小组合作。6人小组要两两结对：1号与6号、2号与5号、3号与4号，"优秀生"要倾听"潜能生"的质疑，在"这该怎么做"的声音里，"优秀生"给"潜能生"进行解答，让"潜能生"自己找出错误的原因、不会的原因。

3. 展学：老师在仔细的倾听中寻找资源。可用投影仪展示做得妙、做不下去、做得精的资源，进行师生对话，展示也可让小组自己展示，老师要在对话中进行知识的串联，将已知与未知、课内与课外、知识与智慧连在一起。

4. 导学：老师对疑问进行启发，进行引导，带领学生回到知识的原点，进行知识的"反刍"，让学生重新理清知识的发展脉络，进行精讲点拨，使学生获得解答疑难的能力。

5. 固学：一方面要总结回顾，进行知识、能力、方法、情感的梳理；另一方面进行当堂训练，像考试一样严格训练，检验学生掌握知识的情况，课堂达标情况，做到堂堂清。

## 四、实施意义

1. 打造了学习共同体。这个时代是共生共长、共赢共享的时代，大家一起走，才走得远，大家互相激励，互相帮助，在沟通与合作中，学习成了快乐的事。

2. 让学生成为主动学习者。人本主义理论就是让学生成为课堂的中心，我们要让每个孩子站在舞台的正中央，这就必须依托导学案和小组合作来激发兴趣，让学生发自内心喜欢学习；我们通过小组合作进行捆绑评价，通过及时评价为小组加分，如发放七彩阳光卡，评选班级之星，班级小组得分高的小组在一周考评结束后优先选座位等来激励学生。

3. 培养了学生成长性思维。最好的学习是自我学习，只有孩子自己学习、自己解决问题、自己获得知识才能获得成长性思维，被老师控制的学习、被灌输的知识以及被动学习都不会获得成长性思维，而课堂教学的目的是培养学生的成长性思维，只有成长性思维才有创造力。

4. 让老师成为教育自觉者。以学定教，学生成为主动学习者，老师就成了学习的设计者，学生知识学习的引导者、指导者，最终推动老师变成教育的自觉者。

"问题探究，互助合作"的"教与学"模式，让学生成为课堂的主人，把课堂时间还给学生，让学生充分地合作、交流、探究、评价，让学生自己提出问题、解决问题。充分尊重学生的潜能和主体地位，把大量的课堂时间留给学生，使他们有机会进行相互切磋，共同提高。提倡"教师当好导演，学生当好演员"，改变学生是"听众"的教育弊端。

"问题探究，互助合作"课堂教学改革的着眼点是以人为本，关注学生全面发展，促进健康人格的形成，为学生终身发展服务；倡导学生自主学习，自主探索，自我发现，自我解决，是学生学会学习、学会合作、学会生存、学会发展的有效途径；最终目的是进一步转变教师的教学观念和教学方式，转变学生学习方式，改变课堂教学结构，优化课堂教学模式，提高课堂教学效率。

# 燃爆课堂　怒放生命

"东风夜放花千树。""激情似火。"用这两句话来形容陈老师的历史开放课一点也不过分，整个课堂老师似一员大将指挥千军万马，铿锵有力，激战正酣；所有孩子就像英勇无畏的战士奋勇杀敌，上下一心，目标清晰，阵法变幻莫测，战果辉煌可观。

教育就是唤醒，是一朵云推动另一朵云，是一棵树摇动另一棵树，是一个灵魂唤醒另一个灵魂，激情点燃激情，情感濡染情感。

激情的老师带来百舸争流的学生。

学生在老师的激励下，潜力被激活，脑洞大开，八仙过海，各显神通。

课堂上有人谈哲学，有人在诵读，有人在写诗，听课的老师都很叹服：学生表现真优秀！

老师的激情来自对学生和学校的爱。

本来学校遇到突发事件，教学校长通知这节名师开放课可以向后推，但这个老师说如果打破正常流程向后推，会影响稳定，尽管自己备课时间不是很长，但讲精彩没有问题。学校想给陈老师减负，而陈老师站在学校角度要学校正常推进。陈老师的担当作为，将学生放在心上的做法就是对学生担当责任很好的引领，要想让学生成为一个什么样的人，我们的老师就要成为那样的人，"学高为师，行为世范"。

教书的目的是育人，培养人，树立学生的世界观、人生观、价值观，"三观"的树立需要以辩证唯物史观为载体去树立，陈老师通过对秦始皇的评价，对长城的评价，对秦朝和战国时代的评价来引领学生辩证地看问题，站在未来看历史，这些评价、思维的碰撞让学生的思维不断深入，眼界不断开阔。

陈老师的课堂激情汹涌，澎湃的激情都是为了知识的落实，能力的提升。

陈老师的教学成绩突出，突出的关键原因是她通过各种途径和方式来进行历史知识的落实。

落实的样态丰富、鲜活。一堂课有历史剧、情景剧、辩论、顺口溜、史料教学、关键事件、写颁奖词、讨论、展示等，给人感觉一环扣一环，移步换景，每个环节都很精彩，在稍有疲劳感的时候又进行下一个环节、另一种形式的教学，这让学习者有一种始终处在"尝鲜"的"兴奋"感觉。

我们也深深感受到，丰富多彩的授课方式可以保持课堂的新鲜感，这种新鲜感让学生的激情不断高涨；反之，有些老师的课堂之所以呆板无趣，很重要的原因是课堂形式的单调、乏味，所以，学生学习起来昏昏欲睡或者走神。

我们依托"问题探究，互助合作"的五步导学法，就是为了促进学生的生长。陈老师运用了导学案和小组合作，在五步导学中，运用灵活，不死板教条。

像在让学生为长城写颁奖词环节，为防止孩子们不知道如何写颁奖词而迷失方向，老师先导学、进行示范，示范完毕让学生自学，自学后让学生互学，互学后让学生展学，展学中进行导学，整个流程如行云流水，引来阵阵掌声。

在最后的固学环节，陈老师采取了三种方式：第一，用思维导图梳理本节课所学的知识，建立起完整的系统；第二，拓展延伸，感受评价喜欢战国还是喜欢秦朝；第三，学以致用，进行做题训练。

整堂课环环相扣，师生情绪一直处在一种高昂状态、高学习力状态。

如果说非要给这堂课提两点建议，我们认为老师的引领力很强，收放自如，要适当在"放"上多给学生一些自我思考的时间；课堂上有一个小组发言不够，我们老师要关爱每一个，成就每一个，精彩每一个，老师要想办法激活这个小组同学学习的积极性。

课堂是教学的中心，课堂是生命生长的主要土壤。

教必有法，教无定法，贵在得法。

学校打造"一体两翼"的教学模式，"一体"就是以学生的学习生长为主体，"两翼"是导学案和小组合作，依托流程是"五步导学"：自学、互学、展学、导学、固学。

我们相信，我们的老师运用好了我们的教学模式，在课堂上，我们随时会听见生命拔节的声音，看见一江春水向东流的勃勃生机，感受到争高直指、千百成峰的景象。

# 深化小组合作

　　小组合作在四中实行一年来已经逐步被大家接受，在我刚到四中推行"问题探究，互助合作"五步导学法的时候，历史组首先接受，整个历史组全组研究小组合作，多名老师已经运用得炉火纯青。学校迎接了河北省和河南省的老师们学习，我们都展示了历史组的教研活动、公开课，整个历史组给学校树立了一个典型。有了历史组的典型引路，全面推进，各个教研组也逐步推进。

　　每个教研组发展是有差异的，英语组推动比较慢，最重要的原因是教研组长不认可，她认为小组合作让学生讲肯定不如让老师讲，学生是教不会学生的。所以，在组长带领下，英语组很抵触。对于英语组这种做法我们只能静待花开，不能操之过急，因为做教育不是做加工厂，只有老师理解了，接受了，觉得好用，才可能用。我们干部加大了对英语组的跟踪，特别是对组长的跟踪。一次听完英语教研组组长的课，在评课的时候，英语教研组组长认为她非常努力，非常辛苦，可效果没有见到，她举了一个例子，她重视全班读英语的习惯，为了养成这个习惯，她每天让同学打卡，班级40多个同学，她逐一检查，上班时间已经很累，休息时间更辛苦。出现问题的时候恰好是教育引领的最好时机，我对她说："这种情况下，你累就对了，现在已经进入了动车时代，每节车厢都应该发力，火车头只是一个方向作用。我觉得每个小组就是一节车厢，作为老师，你检查全班的7个组长就够了，剩下的由师傅检查徒弟，组长检查师傅，这样下来，每个同学最多检查两个同学，层层推进，层层落实，快速、简单、大家都不累，频率还快，你不妨试一下。"

本学期开学的教研组计划会，英语组对小组合作教学表现得最积极，全组一起研讨基于分层的小组合作教学，教研组长尝到了合作教学的甜头。

走进教室，你会看到黑板上都写着"追梦组""朝阳组"，这是班级小组进行加分用的。教室的前面和侧面都是小组文化建设：组名、组规、目标、每天小组表现反馈等。每个周根据小组的成绩进行自选座位，评选班级之星。

小组合作在如火如荼地开展。

我们既然如此认可重视小组合作，我们还要进一步推动小组合作的规范化，比如，小组合作的发言顺序是什么？如何组织？小组展学如何展示？一个小组展示时其他小组怎么做？等等，这些问题都摆在我们面前。

我们要进一步加强对小组合作的评价，可以在每周升旗仪式上让升旗班级展示最先进的小组的文化；可以在期末除了评选优秀班集体外，每个班还可以推出校级优秀小组，进行表彰。榜样带路，全面推进，这会更深入地推进小组合作。

# 分层教学探索

分层教学是按照学生学习情况进行的分类学习，这样可以按照学生的学习情况准备授课内容，做到因材施教，教与学更加适合，更有针对性。

我们现在三个年级有三种模式。

初一入学按照总成绩分成了A、B、C三层，由于某些原因，前任校长将A、C层放在一起，最优秀的学生与最弱的学生在一起，正如冰火两重天。我们很快将语、数、外学科进行分层，A层在一起，C层在一起，为了避免最弱的学生扎堆不好管，大家又将C层分成两个班。B层分成了三个平行班。

初二是平行分班，没有进行新教学模式的探索。

初三是数学、化学、英语三科分层走班，其他学科在原来的行政班上课。这种分层的优势是让这些容易拉开差距的学科进行分层学习，做到有针对性。弊端是老师觉得教了两三年的学生突然不教了从情感上难以割舍，同学之情也难以割舍，老师一下子面对六个班级的学生需要熟悉。还有一个问题是回到行政班后如何辅导和收作业？经过磨合，大家收作业的时候在分层班级收，以班级为单位。课余时间老师辅导采取走班的方式进行辅导。"一模"过后，大家都熟悉起来，安定下来。

周一，初二驻校家委会主任巡视，他们惊奇地发现初三是分层的，开始他们怀有一些顾虑，后来经过慎重思考认为还是应该以学业为重，进行分层。课间他们采访了一个男生和一个女生，这是一个B层的班，这两个学生都认为这样分层教学很好，自己学习起来舒服。当家长问他们愿意不愿意去A层？他们说不愿意，因为去了根本跟不上。

初一的模式相对固定，为加强管理，我们准备让初一A、C层老师用一套老师教。B层经过了一年学习也产生了较大差距，他们也想分层走班，这样B层的三个班级可以进行分层分科走班。

初二马上就要进入初三，对他们如何分层？

综合这些分层方法，最好的方式是分为A、B两层。A层配备最适合的师资，冲刺中考的普高，B层也可以匹配合适的师资，主要进军职高。这样班级打乱重分，学生重组，老师重组，一切是全新的开始。

弊端是老师需要重新认识学生，学生重新认识老师，开始时的不适应会影响成绩，也可能会导致家长的反对。

如何操作？

第一，做通老师工作。让老师认识分层的意义，让已经分层的老师将分层的优势讲出来，对马上分层的老师进行指导沟通。

第二，做通家长工作。让初二各班家长委员会到初三参观分层，让家长感受到分层的好处，这样家长会积极支持分层，减少阻力。

第三，做通学生工作。有了老师、家长工作的先行，我们再做学生工作就好做了，让学生意识到初三就是以学业为中心，减少其他活动，以中考为目标，以毕业升学为出发点。

分层教学就是适合的教育，只有教育适合学生，才能让每个学生自然生长，顺势而为。

# 让孩子快乐地学习

让孩子快乐地学习一直是我们追求的课堂样态。

什么是快乐？快乐是一种学习氛围，这种氛围由老师和学生共同打造，这种快乐是民主，是平等，是轻松愉悦的。

快乐是一种心理感受，这种心理感受是知识的获得感。学生最痛苦的是课堂学不会听不懂老师要传授的知识，学生最难过的是考试得不到高分，如果课堂上老师传授的知识都学会，考试都得高分，学生肯定愿意学习，因为他们有发自肺腑的快乐。

怎样获得快乐？显然老师的引领方式和态度是很重要的，人造环境，环境育人，这个快乐的环境首先是由老师来创造的，老师对学生的尊重，老师与学生的平等互动就容易打造轻松愉悦的环境。

如何让学生学会知识是一个最值得探讨的问题，因为解决了这个问题就找到了学生快乐学习的根源。

我听了初三数学范老师和李老师的课，从他们的课堂中我们会得到一些答案。

这两个老师的课堂，孩子们的参与度很高。

初三的数学对于孩子们来说是比较难的学科，然而，这两个B班的孩子没有一个趴着的，没有一个睡觉的，所有同学都抬着头积极参与课堂。

这是为什么？我想这首先来自分层。

分层后这些孩子们的水平大都差不多，老师因材施教，根据这些孩子的水平来确定学习内容；如果不分层，学生水平参差不齐，老师很难确定自己的教学内容，分层可以为学生量身定做学习内容和进度。

其次这两个班级都运用了小组合作学习。

小组合作将孩子们打造成学习的共同体，尽管这些孩子成绩弱，但每个孩子都有向上的想法。范老师给同学们布置合适的学习任务，并根据小组内多少个同学做对了多少给这个组相应地加分，这对于小组来说是一个激励，会促进每个同学都要学会，让每个同学都会就是抓落实；李老师会让同学们展示学习成果之后给孩子点拨，然后给小组加分，最重要的是他快速让小组内的同学将所学知识互相讲一遍，学习知识最有效的是学以致用。

再次是通过激励给学生力量。

我在一个姓王的女生旁边听课，看得出这个孩子学习非常刻苦，她自始至终高度专注地参与课堂学习，看到她做得题基本都对了，我悄声表扬她："你学得真不赖。"她抿嘴一笑，悄悄对我说："校长，你下次到A层听课就见到我了。"看得出她非常自豪非常骄傲，因为进入了A层就意味着有了考普高的希望。课间范老师告诉我，班里有五个同学进入了A层，这对孩子激励很大。班里有个姓戴的男生和一个姓石的女生在初二上课的时候基本是睡觉的状态，范老师在课堂上让他们跟着老师的节奏走，实在听不懂就当作听老师和同学在聊天，慢慢地，这两位同学不断进步，都进步了几十个名次，范老师也不断地表扬他们，这两个同学很振奋，现在课堂上，你根本看不见这两个同学睡觉了。

李老师班里有多个特殊学生，小周在初二的时候上课总趴着睡觉，现在课堂上因为运用了小组合作，她的组长教会了她所学的知识，老师让小周站起来给同学们讲解，她讲解得完全正确；另一个男生小程在初二与小周的情况基本相同，他也学会了老师传授的知识，还主动给同学们讲解了一道应用题，老师和同学们的肯定让他的脸上露出了甜蜜的笑容。

最后是老师要给学生学习的脚手架。

学生要攀登知识的台阶，老师给学生的脚手架至关重要，有了学习的脚手架，孩子们就会事半功倍。李老师在讲解反比例函数这一难点的时候充分运用了数形结合的思想，反比例函数的性质如果单从文字理解比较抽象，而如果从图像找规律就简单易懂而且不容易忘记。李老师特别强调用反比例函数图像理解，每个同学一看到反比例函数马上会在脑子里呈现反比例函数的图像，反比例函数的性质就会对应着图片清晰地出现，抓住了这个本质，再去做题就会迎刃而解，孩子们因为得到了老师教给自己学习知识的脚手架，都能轻松地把知识学会。

让学生快乐学习是我们的向往，这需要学生努力，更需要老师运用适合的教学策略。在快乐的氛围中，孩子们轻松地获得知识，我想孩子内心的快乐就会油然而生。

# C层的学生学习如此专注

早晨当我巡视到初三C2班的时候，我不由得停住了脚步。

我通过开着的门发现这个班里的孩子坐姿非常端正，在老师的引领下，或诵读，或讨论，老师的讲课声与孩子们的应答声汇集成校园最美的声音。

最近，我们感到初三两极分化严重，每个班学生的学习情况参差不齐，有的学生上课趴着睡觉，问他们为什么趴着睡觉，他们回答得很真诚："老师，什么也听不懂，就像听天书，遭罪，不如趴着睡。"而班里的尖子生也在抱怨："老师的进度太慢了，我们现在是初三，需要大量的拓展，需要加大难度、深度和广度，可是老师讲得太慢了。"我们感到，大多数老师的授课是从学习水平中等的学生切入的，这种课堂，受益的是中间生，尖子生和潜能生都是陪客。

我们不能分层吗？反对的声音也接踵而来——

声音一：都初三了，快中考了，时间不够了，别折腾了。

声音二：老师与学生都需要磨合适应，没有必要了。

声音三：分层老师教的学生各个班级都有，能管理过来吗？

经过慎重思考，我们认为越到最后越应该进行分层，这样适合自己层次的学习才会让学生如鱼得水，尖子生可以拔高，中间生可以吃饱，潜能生可以跟得上。

如何分层？所有科目都需要分层吗？

分类分层。我们感觉文科大家大都能听懂会学，只有英语是难点，文科英语适合分层，理科数理化需要分层，其他学科不分层按照行政班上课。

我们按照总成绩分成了尖子生、中间生、潜能生三部分。

小班化最利于进行个性化的学习，我们又把这三部分学生每一部分平均分成两层，这样分成了六个班级。

C层2班也就是潜能生班级。英语梁老师设计的学习难度大大降低，梁老师从单词和句型入手，在黑板上用不同颜色的笔进行标注提醒，由于难度降低，速度放慢，这些潜能生都能跟得上，他们上课一下子有了自信。

老师以激励为主，激活自己，激活他人。这些班里的潜能生从不缺打击，从不缺批评，他们缺肯定，缺激励，他们的心结冰很长时间了。老师让同学回答问题，有一个能答上的，老师就让其他同学给他鼓掌，这些同学在行政班几乎没有发言机会，在这里他们有了展示的舞台。当他们回答错了，老师也表扬他敢于发言，成长就是在犯错中进行的，同时，让其他同学感激这位同学，他的错误可以纠正自己的方向。像动词的一般过去式，结尾是y的，前面的字母是辅音，就变y为i再加ed，但是y前面的字母是元音的就直接加ed，老师马上让一个同学回答"play"的一般过去式，结果这个同学就变y为i再加ed，老师马上给他纠正应该加ed，"played"，因为y前面的字母是元音的就直接加ed。梁老师说："我们应该感激这名同学，他把我们可能犯的错犯了，希望我们其他同学不要再犯了。"我看到这名回答问题错误的同学面部却有种为同学"牺牲"的光荣感。

老师依然采用小组合作教学，同伴互助。当碰上有点难度、孩子们不好回答的问题的时候，梁老师就让同学们进行小组讨论。我感到氛围是和谐向上的，我不由得想起了分班的时候大家的一些顾虑：这些潜能生基本上是放弃学习的学生，他们要么睡觉，要么在班里调皮捣蛋，这些学生在一起，该怎么坐？许多干部和老师建议每个同学分开坐，全部单人单桌，这样让他们没法捣乱。现在看来，这种想法首先是不相信学生愿意向上，能够变好，不信任学生，从一开始就提防学生，封闭学生，这种做法是错误的。因为信任会产生向上的力量，合作才能产生团队的力量。

创设适合每个孩子的教育，让每个学生都精彩。这是我们行动的教育理念，我们要把这一理念切实落实到行动上。

适合的才是最好的，我们给学生找到了适合的位置，学生才能如鱼得水。C层的学生学习这么专注，是因为教育适合他们，而不是让他们去适合教育，没有不愿意学的学生，只有不适合的教育，这个适合就是尊重个性的教育。

# 老师要给学生前行的力量

听了范老师的一堂"三角函数"的课，我感到内心充满力量。

基于学情，范老师从学生学习情况出发，从实际出发带领孩子去学习。范老师这个班是一个B层的班级，学生学习的能力整体偏弱。

范老师首先从最基本的直角三角函数的公式入手，数形结合，让学生从根本上了解三角函数的本质，对于特殊角30°、45°、60°的三角函数值对照着公式进行了记忆；掌握了一般规律后，范老师就让同学们根据三角函数的公式进行分类训练，在训练中进一步理解三角函数；在大家基本都能熟练操作后，范老师让学生攀爬第三个台阶，综合运用三角函数去解答较难的题，她选择的题目是一个中考题，在范老师的引领下绝大多数同学都将这个中考题做了出来。

做题要注意规范性，范老师告诉同学们中考做题按步骤给分，所以每个步骤都要规范。为了加强对答题规范的指导，范老师用投影展示了得满分同学的答案和扣分同学的答案，通过投影和范老师的点拨，大家对答题的规范有了深刻的认识。

上课要随时梳理，竹子生长是一节一节地生长，节点就是巩固点、总结点，有了及时的巩固才能有下一步的生长，否则就是熊瞎子掰玉米——掰一个，丢一个。范老师在每个环节结束了之后，都会让同学及时回顾梳理总结，让学习的每个知识点，一点一点巩固，步步为营，步步推进。

一堂课下来，范老师遵循了学生认知规律，环环相扣，由易到难：一般的公式—分类操作—综合运用—梳理总结，学生学习起来没有突兀感，有一种步步登高、水到渠成的感觉。

基于学情设计引领，让人感到，知识就像水一样流进了学生心田，受到心灵润泽的学生，满脸都是灿烂。

为了让每个学生都精彩，范老师在落实小组加分的时候，根据小组内做对个数的同学给小组加分，对了几个同学就加几分，通过这种激励方式抓住了每个学生学习知识的落实。

为了激发每个同学的学习热情，范老师经常从班级最弱的同学入手，像班里的小戴同学、小莎同学在上初二的时候基本没有学习，基础非常弱，范老师给他们指导，让他们大胆地上黑板展示。同学们惊喜地发现这些基础最薄弱的同学都做对了，这给了同学们注入了一支学习的强心剂。

范老师的这种激励方式真是一箭双雕，既激励了上黑板做题的同学，让他们有了学习的信心，也给了其他同学学习的力量。

整堂课都被范老师的语言激励着，温暖着："××同学做对了，真不简单，让我们给他掌声。""××同学做题准确率有了超越。""这些同学再次证明了，只要努力，什么时候都不晚。"范老师的这些话语具有强大带动力，尤其对于还有半年就要中考的B层的孩子，在心理上要放弃的时候，这些话语像燃烧的火把照亮了孩子内心的希望。

# 兴趣是最好的老师

初三·四班的曲同学，喜欢哲学，喜欢历史。为了在课堂上给同学们展示希腊、雅典文化，他周六周日都没有休息，潜心研究苏格拉底的思想。为进行东西方哲人的对话，他又研究了孔子；为了让深奥的哲学通俗易懂，他又手绘了苏格拉底与孔子的图像，为通俗的文字配上漫画；他甚至想象用什么样的声音讲才更像苏格拉底和孔子。周日晚上11点了，曲同学还在联系历史王老师，让王老师给他指导课件。在曲同学身上我们看到了浓浓的学习兴趣。

那么，如何培养学生学习的兴趣？

**一、要学生激发兴趣，就要精心备课，用知识的魅力来吸引学生**

一堂课要出彩，老师必须精心地设计，"台上一分钟，台下十年功"。老师必须建立以学生学习为本的课堂观，打造"民主、快乐、互助、高效"的课堂，才能让学生爱上课堂，爱上学科。学生在课堂上感受到获得知识的兴奋，感受到知识的力量，就会大大激发学生学习的兴趣，知识的魅力会不自觉地吸引学生。

**二、要激发学生兴趣，就要转变学习方式**

学生大脑是待点燃的火把，不是等待灌输的容器。老师要用启发、引导的火花来点燃学生思维，激发学生的热情。课堂就是要组织恰当的问题来引领学生进行自主、合作、探究。以问题激发学生思考，以合作带动学生深入理解。老师只是引领者、推动者，而学生是学习者。学生在自主学习中思考，在疑问中合作探究，老师根据学生的学习状况，让学生展示学习成果，并适时进行引导、点拨，最后让学生梳理、巩固、延伸学习成果。这样的学习是学生为主体的学习，学生是学习的主人，老师是学生学习的辅助者。

### 三、要激发学生兴趣，就要给学生创设学习的情境

物理、化学、生物老师要发挥动手实验的优势，初中孩子对做实验充满好奇，他们又乐于动手探究，我们发现，只要这些学科一做实验，孩子们的学习热情马上高涨。孩子们在提出假设、证明假设的实验中，有种做科学的神圣感和成就感，这会让孩子们爱上该学科。

语文要多诵读，让孩子们在诵读中体验语言美、思想美。

英语要与生活挂钩，在现实角色体验中让学生感受语言的美妙。

数学要让学生体验思维的美妙，数学就是培养思维。思维是解决问题的方式，在思维的提升中，让学生感受数学的伟大。

历史、道德与法制让学生把案例的智慧、历史的事件与做人的哲学、生活的智慧联系起来，学生感受知识的价值，自然地产生对学科的兴趣。

音乐、美术一定要与审美结合起来，情趣高雅，艺术人生是无数人追求的境界。

地理要与旅游、行走挂钩，"要么读书，要么旅行，身体和精神总要有一样在路上"，对于孩子们去过的地域，要引导孩子们用地理的语言去表述。地理知识的学习要让孩子们通过旅游、行走去探究、体验，这样，地理就是生活中的地理，孩子们就不会觉得地理晦涩难懂。

体育要与"体育精神"挂钩。学好体育，不仅要学习体育技能，更重要的是通过体育来锤炼我们的精神，"野蛮其体魄，文明其精神"，这样体育也充满神圣感，学生会认真对待。

创设了学科情境，学科学习就会水到渠成，让学生爱学习就是自然而

然的事情。

**四、要激发学生兴趣，就要给学生阐明学科学习的意义，推出学科学习的榜样**

每门学科都有其独特的价值，都滋润了人类灵魂的成长。

培根说："读史使人明智，读诗使人灵秀，数学使人周密，科学使人深刻，伦理学使人庄重，逻辑修辞学使人善辩；凡有所学，皆成性格。"

对于人的成长，每门学科发挥的作用是不一样的，就像不同食物有不同营养一样，而要营养均衡，就要学好各门学科。

为了树立学科尊严，推广学科，我们在阐明学科学习意义之后，还要向学生推出学科的杰出人物，阐明他们对人类的作用，引领孩子向他们看齐，激励孩子学习的动力，让孩子有学习的方向。

有了兴趣，就像汽车有了发动机，有了动力，有了方向，让孩子奔向远方，看到诗歌，创造美丽就不是神话。

# 让学习在学生身上真实发生

物理是培养学生思维最重要的学科之一。什么样的学习是真实的学习？我认为激活学生思维的学习才是真正的学习。马老师执教的"质量"一课给了我们许多思考。

## 一、学生能学会的让学生自己学

马老师利用视频引出本课所学内容"质量"，无兴趣不学习，孩子们的兴趣被激活。

在孩子们的思维活跃后，马老师马上让孩子们自学概念性的知识：质量及单位，自学后马上进行知识测试，巩固所学知识。

这个自学环节结束后，马老师让孩子们自学"托盘天平"的构造，让孩子们探究天平使用前如何调平。

孩子们自学环节结束后，马老师批阅了小组组长的作业，继而让组长去批阅组员的。在批阅过程中，马老师拿起一张小组5号同学的卷子，利用投影仪展示，并进行现场批阅指导。

## 二、老师向学生示错，激发学生学习知识的自豪感

对知识的学习要"审问之、慎思之、明辨之"，马老师在课堂上几次故意犯错让学生找错误。当马老师将歪斜的天平托在手中称重的时候，同学们兴奋地给老师指出：这样做是错误的，称量前应把游码放在标尺的零刻度处，检查天平是否平衡。

能够找出错误证明已经掌握了知识，孩子们在纠错中更加深刻掌握了知识。更重要的是，我看到孩子们能够给老师指出错误非常兴奋，他们觉得自己学得很好，当然有些同学知道这是老师故意犯错，老师在考验自己是否掌握了知识。

### 三、让学生找错，激发学生学习知识的主动性

大家知道了如何用托盘天平称重的规则后，马老师让两个孩子到台前展示称重。马老师马上发出一条指令：谁发现了其中一条错误就给本组加一分。

以往有些同学上台展示的时候，总有些同学不认真观察，得到马老师的指令后每个同学都非常认真，有了同学的高度关注，做实验的同学也非常认真。当实验做完后，大家争先发言，有些同学为了给本组加分甚至"鸡蛋里挑骨头"。

### 四、让学生动手实验，在探究中掌握知识

乐于动手、勤于探究是孩子的天性。

一堂课，特别是物理、化学、生物等课只要一动手探究，课堂马上就会活跃起来。

为什么动手实验就会活跃起来？

我想动手的过程是孩子自己探究知识、体验知识、运用知识的过程，知识通过实验变成了生活，知识与生活发生了联系，孩子们在实验中就会感到物理是"有用的、有趣的、有意义的"，他们的思维就会被主动激活。

孩子们有了学习的兴趣，就有了对这门课程学习的亲切感，爱上物理就有了意义感。由此我们也深深感受到其他学科也要进行知识与生活的关联，在生活中运用知识、创造知识，才能让知识转化成智慧，才能让知识变得鲜活起来。

　　无兴趣不学习，无思维不学习。当知识由学生探究获得，当知识在运用中解决问题，当知识在学生的生活中延伸，孩子们的兴趣就会产生，孩子们的思维就会被激活，我们的学习就是真学习，我们的学习就是有用的学习。

# 从评课看"优秀教师"的"优秀"

最近，学校进一步推动教研力度，开展"错时上课，先听后上"的活动，我与教研组长彭老师去听了我校一名年轻数学老师的课。彭老师为人真诚直爽，我希望以她的听课评课对年轻老师进行引领，让年轻老师沿着正确方向前进。从她的评课中，我感受到这名老师的优秀。

**一、要上好一堂课，就要"设计好"一堂课，而要"设计好"一堂课，就要先备好一堂课**

备课的依据是课标、教参、教材、学情。

这堂课课题是"两条直线位置关系"，彭老师要年轻老师做好"四备"：

一备，备课前先研究课标，根据自己对教材和学生的情况进行备课；二备，对照教参的解析去完善自己的备课方案；三备，参照名师授课实录，对照自己的备课情况；四备，讲完课后再根据预设和生成完善教案。

**二、老师授课要注重知识"活"的思考，不将死的知识"灌输"给学生**

1. 在讲"两条直线位置关系"时，涉及两条直线"平行"和"相交"关系，根据"知识来源于生活"的原则，彭老师建议从学生的身边利用分类思想让孩子找线与线的状态。这样，简单易懂，孩子思维活跃，很容易从现象到本质找出线与线的关系。

2. 在讲同角的补角、余角和等角的补角、余角关系时，彭老师主张让学生从角的数量关系上自己推出"等角的补角、余角相等",学生自己体验了,动脑子了,就会从自己探究中得出数学结论,很难忘记。

3. 注重"问题探究,互助合作"五步导学法,"自学—互学—展学—导学—固学"自学环节一定有学生思考的时间,在较难问题上学生小组合作探究,因为问题较难,一定有1号、2号、3号互助合作得出答案,再有1~6号,2~5号,3~4号进行兵教兵,每个人都过关。在互学环节如果问题较简单就进行一对一知识的巩固。展学环节要利用好相关平台快速展示,小组加分措施进行激励;老师在展学中顺势进行精讲点拨。在"固学环节"讲求"学练"结合,反馈落实,老师设计恰当的练习题对学生进行巩固训练。

4. 注重运用"导学案",导学案是集备组老师对学生一堂课知识学习的预设,它是学生自主学习的载体。导学案让老师精心设计,精心备课,避免了授课的随意性,让每位同学有学习的抓手,同时便于让学生课后复习,课后反思咀嚼,成为在初三中考时师生的有用的复习资源。

### 三、从细节入手,严谨规范学生的数学表达

数学要用数学语言去表达,如果没有平时严谨的语言表达,在进行整体学习时,学生就会无从下手、丢三落四,不会系统规范地用数学语言表达出来。如在描述顶角相等时,就要用数学语言:∵∠1与∠2是对顶角 ∴∠1=∠2,这就是规范的语言表达,从小细节入手,做题步骤一步步夯实,这样在遇到综合题目时,学生做题就会步步为营,如行云流水,不丢分,不扣分,这就要求老师在平时帮助学生养成严谨、规范的习惯。

### 四、要有开放的思维,培养学生质疑探究的精神

学数学就是为了培养学生思维,我们要善于让学生质疑,让思维发散。学生的思维开放,思考才能活跃,真正的思维才能成长,学生在不断的质疑探究中就提升了思维品质。

　　从彭老师的评课中，我看到优秀教师的素养，他们有着高屋建瓴的数学思想，在数学思想的引领下进行"备课的设计"；他们的思维开放，致力于培养学生质疑探究的精神，让学生在生活中应用数学知识，发现数学之美；同时注意培养学生学习习惯和逻辑思维，在稳扎稳打中将细节逐一落实。

# 上课要有问题导向

老师的上课是为了解决学生学习的问题，不是单纯为了上课而上课，问题导向就是课堂的指向，要为学生解决学习的问题。

化学教研员孙老师到学校听课，他对四中的化学老师说，问题导向说到底是目标教学，一堂课要解决的学习目标是什么，老师应该非常清楚；否则，老师就会无的放矢，整堂课就会失去学习的意义。

四中化学是学校最弱的学科，在市北区倒数第一，他来听课也是帮助我们解决化学成绩的困局。

孙老师来了之后先听了两节化学课：教研组长李老师的和骨干赵老师的，听完课后我们一起评课教研。

他先让化学老师谈谈现在化学授课处在一个什么阶段？这一点化学老师能回答得出：一轮复习早已结束，二轮复习基本结束，三轮复习正在开始。

每轮复习上课的侧重点是什么？这一点我们的化学老师基本能答得出：一轮章节复习，构建网络；二轮专题复习，侧重规律，提升能力；三轮综合提升，引领学生掌握技巧性的解题策略。

孙老师马上给老师们提出了一个非常尖锐的问题：制约教学质量的因素有哪些？这时，我看到三个化学老师都低下了头，因为李老师是教研组长，孙老师让他回答，结果李老师支支吾吾回答不出，小声嘟囔：这个问题没有思考过，我们都像以前那样教学，没有考虑过这些问题。显然孙老师对这些回答非常不满意，他认为老师们应该比任何一个人都要深刻地反思：成绩差的原因是什么？没有这个思考，就不会找出问题的突破点，教与学就失去了针对性。

李老师上课前给孩子们准备了课前"甜点"，所谓"甜点"，就是为学生准备的小测验，让学生快速去做，结果孩子们很长时间没有做出来，"甜点"结束后，李老师又让学生做了22个测试题，直到下课，这22个题也没有很好地解决。

他在自评的时候喃喃地说：没想到学生用这么长时间来做自测题，没想到学生在22个题里出不来。

孙老师说，这个"甜点"的目的是什么？你想解决什么？你想巩固什么？你严重缺乏问题导向，精彩的生成源于精心的预设，你不能说你没有想到，你出的自测题表面上是三道，实际上是四道，这四道题涉及大量计算，一般的学生不可能在短时间内计算出来。第22题是非常难的一道题，这道题即使在生源较好的学校也很少去训练，因为这个题是化学考试最后的题，极难，极少有人做出来，对于这种抓也抓不好的题我们没有必要去做、去抓。相反，对于自测题的第二道题从设计到计算，学生们处在似懂非懂的情况下，这个时候的分析表格一定要给学生讲清楚，该讲的一定要讲好。

这堂课酸碱盐的问题是必考的，我们要如何引领学生抓住本质？

本质是什么？本质是内核性的东西，我们只有从离子的角度引领学生抓本质，不受表面影响，不受形式的影响才能让学生不迷失方向，老师要想办法让学生有抓手，而面对我们的老师没有抓手，孙老师举了另一所中学的老师给学生提供抓手的例子。针对酸碱离子的重新组合，这个老师提供了四字法则：拆、连、构、删，将盐、碱、酸拆分成离子，用线互相勾连，看看能否彼此重构，不能重构的就删掉。我看到老师们对这一方法连连称赞，表示自己没有像某中学老师一样给学生抓手。

课堂问题设置的目的是什么？

孙老师提出了这个问题，但没有让老师们回答，而是接着解释，课堂问题的设置是为了培养学生的有效思维、高阶思维、深度思维。当一堂课在问题的引领下学生开始思考，运用思维解决问题，那么这堂课就是成功的。问题的设置至关重要，问题要解决一堂课学生们要掌握的知识内核。

对于问题，要让学生倾听，让学生表达，让学生交流，让学生思考。

基于问题解决，让学生在思考的基础上多说，语言是思维的外壳，要有意识地让学生去表达，让学生越来越会说，就是让学生越来越会思考，表达是一个抓手，思考解决问题的抓手。重要的问题，要板书，因为学生记录的过程就是思考的过程，而多媒体展示少了学生的思考；另外，留在黑板上的重点视觉会让学生重点突出地掌握知识。

"课堂无小事"，所有语言都要基于这堂课要解决的中心问题，一些废话不要说，比如，"我知道你心里明白嘴不会说""前面说了好多次，怎么还不记得？"

问题导学是一堂课的中心，这个问题是一堂课知识的内核、本质，这个核心问题解决了学生的思维就流畅了，学生的思路就开阔了，学生的头脑就清晰了，至于分数则是水到渠成的问题。

孙老师用"问题导向"来评课，让我们有一种茅塞顿开的感觉，他也用一堂课的评课巧妙回答了老师们没有回答出的问题：制约教学质量的因素有哪些？说到底，让我们明白教学的本质是什么。教学的本质是培养发展学生的思维，教学成绩之所以差，其核心原因是教学没有培养学生的思维，就像一堂课不清楚教学的内核是什么是一样的，不知道内核是什么，就缺乏问题导向，缺乏问题导向就会迷失方向。

# 化学教研员来听课

在工作群突然看见教务处的王主任在工作群里发了一则消息：本次期中考试我校化学集备组成绩已经排在市北区中游，实现了历史突破，为此教研员将要到校听课研究课堂，欢迎无课老师听课学习。

看见这个消息，我顿时感到无比兴奋，四中的化学成绩一直是全区倒数第一，这个倒数第一当了十年之久，关键是我们这个倒数第一和倒数第二之间还有很远的距离。而初三的第一次化学考试，我们竟然一下子逆袭到中游，超过了许多学校。

这个成绩给我们注入了一支兴奋剂。

要知道这一级的学生跟前面几届级部比是最弱的，跟后面的比也是最弱的，并且几乎每个学科，这个年级的学生在全区排名都是倒数第一。现在化学学科竟然逆袭超越，这让大家无比兴奋。

因为化学总是考倒数第一，每次让教研员来听课，教研员辛老师都不愿意，因为每来一次，就失望一次，对课堂、对老师、对成绩都不满意，时间长了，教研员就不愿意来了，可是这次教研员却是主动要来的。

辛老师来干什么？她应该对我们化学成绩的进步感到好奇，她想知道我们成绩逆袭的秘密是什么。我们的化学成绩之所以取得这么大的进步与我们调整师资有很大的关系。我们本来有三名化学老师，一名骨干老师请假了；一名年纪大的化学老师担任组长，年龄大了开始研究养生了，面对那么差的成绩，他似乎不着急；还有一名"90后"的老师，整日嫌自己的课多了，嫌自己管理实验室有危险，年轻老师本是干事创业的时候，竟然这样不热爱工作，很显然是思想出了问题，既然不愿意工作，我们就顺势而为不让这个化学老师上课了，让她去担任职员。这样三名老师，只剩下一名了，显然老师不够，怎么办？正好一名优秀的化学老师想离开某私立学校，我就邀请她到我们学校上课。学校有四个A班，这个老师教三个，李老师教一个A班、两个B班，被停课的年轻老师负责每天听课学习。一个老师本来是上课的，突然被停职，课不让上，她心里是着急的。敲山震虎，热衷养生的老师显然开始紧张了，他知道，如果不努力等待着他的是什么。

从私立学校来的马老师敬业、工作有干劲，这对注重养生的李老师是一个巨大的刺激，对听课学习的老师是一个巨大的推动。

我知道，成绩肯定会进步，但没想到进步会这么大。

化学教研员辛老师听完课后给两名老师进行反馈，从反馈的结果来看，她第一次这么满意，第一次表扬了我们的化学老师。

### 一、我们的课堂效率大大提升

对李老师的评价：在课堂上默写了8个方程式，全对的有50%之多，这在以前是不可能的，这说明了我们的课堂训练到位；更加关注了学生的活动，让学生充分地讨论，给学生探究、表达的机会增多了；习题训练选择有梯度，从低到高，符合认知规律。

对马老师的评价：

指向明确，步步为营（要干什么）；

要求明确，扎实推进（怎么做）；

结果反馈，明确过程（做得如何）；

重点突出，关键点落实到位。

掌握知识符合认知规律，首先进行理解：要知其然知其所以然，接着在理解的基础上背诵强化，然后在学案上落实在纸面上，即进行默写。

建议：李老师的课，要高标准，严要求，学生学得好是因为老师要求高，训练到位，对任务要有具体的要求，指向性要明确。复习课要进一步理顺重点，针对考试的情况有针对性地复习；对学生的展学要有规范地引领，如果不过关，课下单独辅导。

马老师的课是一节实验课，要多侧重于学生做实验，在要求明确的情况下，放手给学生，让学生在探究中发现问题，在过程中解决问题，在表达中展示自我。

## 二、成绩的提升是多方面的

1. 集备到位，能进行团队作战。

2. 上课能利用导学案狠抓落实。

3. 前置学习，利用假期给孩子们提前进行衔接，在初二升初三的时候给孩子们设置引桥课程，做实验，激发孩子们的学习兴趣。

4. 每天反馈，每天印制2分钟左右的小试卷，针对重点、难点、易错点进行快速训练，化整为零，步步登高。

5. 班主任老师积极配合。

6. 整体管理，自上而下积极向上的教学氛围。

成功总是激动人心的，我能看见化学教研员的激动，她能主动跑到四中来调研，令我们对继续进步充满信心，因为前面两个学校一个高我们0.1分，一个高我们0.2分，我们超越他们可以说并不困难，大家已经做好了准备。

原因很清楚，人是第一位的。学生的发展靠自己，更靠老师的引领，老师换了，学生的成绩直接上去了，如果不换老师，我想我们的化学成绩肯定还是垫底。从这个角度来讲，要提升学生的成绩，关键是提高老师的精神、意识、本领，老师的素质提升上去了，学生的成绩和素质就提升上去了。

# 幸福时光

物质的幸福只是心头的刹那，精神的幸福浸润全身。

2018年的一场大雪从晚上就开始，时断时续飘到白天。雪是冬天送给我们最美的礼物，洁白的雪把世界变成了童话，在童话的世界里，教研员、领导、老师、学生一起研究着学问，这学问也变得美丽、动人。

张老师作为市北区物理教研员，她看到了我们物理成绩取得的巨大进步，主动打电话来问诊课堂进行教研。天降大雪，张老师还能来吗？怀着这样的疑问，我问张全红副校长，他告诉我，张老师已经在路上了。张老师到了以后，我才知道她的右腿关节不好，这段时间几乎不能走路，更爬不了楼。这样的身体，这样的天气，我想当然地以为她会跟我们说因为天气原因不能来了，想不到，她本着对教研的执着，竟然来了。

孩子们的生机勃勃让我们感动。

室外大雪飘飞，两堂物理课：王老师执教的"电生磁"和常老师执教的"电功率复习"在生机盎然中展开。

两位老师都注重以学生成长为中心，以学生学习为本；都运用了导学案和小组互助学习。遇到难题，他们都会让同学们以小组合作的方式进行小组讨论，需要巩固的也进行小组的一对一检查，气氛很热烈。

两位老师都以问题为导向，让学生始终处在一个思考的状态，"我思故我在"，人因为不断思考才显示了人与其他生物的不同，人的高贵也在于人的思考。孩子们在老师的不断发问中不断探究、不断展示，他们的思维得到了极大提升。两位老师为激发孩子的学习兴趣，不断采用"示错"的方式引发孩子思考，老师以自己的示弱，激发孩子更大的上进心，每当老师给学生示错的时候，孩子们都会很准确地给老师指出，这让孩子们更加准确地掌握了知识。

王老师以实验导入，一下就激活了课堂，孩子们都喜欢动手。在课堂中，王老师不断让孩子们分组动手做实验，通过实验得出结论，并让孩子到前台展示自己的实验结果。有两个同学表现很突出，王老师问该用什么动作给他们点赞，孩子们很自然地给他们伸出了大拇指，王老师顺便引导孩子们用点赞的大拇指和合围的四指来判断电流方向和磁极。王老师善于激励学生，当孩子们进行精彩展示的时候，王老师总会让孩子们给予热烈的掌声。有一个小组4号的女孩，她正确地回答了老师的提问，老师让她自己在黑板上给自己的小组加上分，她在回座位的过程中一直微笑着，这笑容是发自内心的微笑，有成就感、有自豪感，我和张老师遗憾没来得及用相机拍下这女孩最美的笑容，这笑容让看到的每个人都很陶醉，我想每个老师都会因为孩子的成功、孩子的精彩而幸福无比。

常老师的课堂非常严谨，即使他的幽默也是冷幽默。他手中拿着两支笔，一支红笔，一支蓝笔，以便随时给组长批阅，组长接着给组员来批，非常快捷，能够看得出孩子们非常喜欢得到老师的面批，这对孩子是极大的督促。尤其让人感动的是常老师能兼顾到每个学生，因为他常常让每组的6号同学来回答问题。常老师注重学生学习情况的落实，孩子的笔记清楚明了，他通过大量的训练来让学生得到学习的规律。

一起研课让我们知道一节课的故事。

为了上好这两堂物理课，物理组的老师课前课后经常为某个设计、某个问题争论得面红耳赤，他们争论得投入，常常惊扰了其他组的老师，所以到正式上课的时候，许多老师闻声而来，他们都想听听这激烈争执后的课堂是什么样子。

为了上好这两堂物理课，兼职实验器材的刘老师，精心准备了实验的器材，课堂上的有些实验器材学校没有，刘老师就自己动手，亲手制作了许多器材。为了寻找合适的通电导体，王老师的岳父还把自己的螺丝刀的把柄卸下来充当通电导体。马老师担起了课堂推介员的责任，他在微信朋友圈里不断直播这两堂物理课的即时上课情况，不断呼吁老师们参与到课堂的学习中来。

张老师极大肯定了两位老师的课堂，这两堂课让学生始终处在思考的状态，她感到课堂"很亲切、很快乐、很兴奋、很自信"，学生能动起来源于老师的调动，老师大胆放手让学生做，学生自信，老师自信。

不觉间两节课的听课、评课结束了，我们又进一步研讨了物理组老师们专业提升发展的方向，每个人都找准了目标。

我们信心满满，我们相信：有志者，事竟成，破釜沉舟，百二秦关终属楚；苦心人，天不负，卧薪尝胆，三千越甲可吞吴。

# 老师"自我革命"才能成就学生的"解放"

教科研中心吴主任在办公会上反馈了年轻教师孔老师的一堂历史课，孔老师这堂课的转变给吴主任的冲击是巨大的。

以前孔老师的课"自顾自讲""一言堂"，环节不清晰，落实不到位。

现在吴主任听到的孔老师的课，学生时而静悄悄地思考学习，时而刷刷地记笔记，时而热烈讨论。显然，她落实的意识增强了，尤其能让学生自主学习，她自己讲得少了，学生思考、写、说的时间就多了。学生在自主学习中，重要且难的问题让学生"互学"，再让学生"展学"，有问题处老师精讲点拨进行"导学"，这堂课让吴老师看到孔老师教学方式的"革命"。

下课后，吴主任问孔老师："你觉得这堂课上得怎么样？"孔老师说："我觉得许多东西没有讲出来。"从这可以看出孔老师还是没有完全理解课堂的意义，一节好课的标准是让学生站在舞台的正中央，是让学生真正地学习，而不是老师讲得天花乱坠。吴主任给孔老师的评价是："这堂课，是我听你讲课中最好的一堂课，因为这堂课学生成了课堂的主人。"

为什么会发生这种变化？

学生学习的"解放"是老师的"自我革命"成就的。

学生由学习的被动者变成了学习的主人，教师由讲台的"霸主"变成了学生学习的指导者、引导者、设计者。学生学习的"解放"是老师的"自我革命"，课堂上老师是主导者，虽然学生是学习的主体，但如果老师的观念不转变，学生就不会成为学习的主体，只能成为学习的奴隶。

自我革命是"重生"，被人革命是"灭亡"。

吴主任给孔老师的反思出了一个半命题作文：在_____成长。

孔老师的第一个作文题目是"在先进理念引导下成长"。内容是：学校致力打造"问题探究，互助合作"的五步自学法，"自学、互学、展学、导学、固学"，培养学生思维，以导学案为载体，落实学生学习主体性，这理念是指路明灯，是前进方向。

她第二个作文题目是"在迷茫与反思中成长"。内容是：虽然有了方向，但在教学中总不得法，没有真正贯彻理念，一次次的痛苦与反思让我摸到一些方法，学校进行"先听后上"的教学管理，我听了吴主任等老师的课，让我顿悟，找到了方法。自学、互学……八年级三、四班学生终于成了课堂的主人。

从孔老师的反思可以看出，理念是第一位的，行为的转变首先是理念的转变，要"自我革命"，首先要革新理念，不要固守落后、不科学的理念；其次要革命行动，要管住自己的"嘴"，多动自己的"脑"，适时出"手"，学习是一种体验，只有体验了才能记得住，记得牢。学习是学生的学习，老师不能做学生学习的替代者，否则，学生永远不会学习，不会有成长性思维，不会成为自信的生命体。我们教师作为人类灵魂的工程师，要塑造灵魂，说到底是让学生学会学习，成为学习的主人。

从孔老师这节课的改变我们看出，"自我革命"是痛苦的，革命意味着放弃，意味着脱离原来习惯的"舒适区"，意味着先破后立，意味着流血流汗。所以革命中有痛苦、迷茫、彷徨。我们还可以看到改变需要引领，需要自我接纳，需要坚持与反思，需要不断试验与实践，这需要有"向学而生"的心态，只有自己主动了，才能去改变。"觉悟"是一个过程，只要坚持去做，一定会"开悟"，看到光明与幸福。

没有真正的爱就没有真正的教育，什么是真正的爱？真正的爱是让学生得到"成长"的爱，让学生得到成长的教育是有"良心"的教育，为了教育的"良心"，为了"救救孩子"，老师们要在课堂上勇敢地进行"自我革命"，这样才能解放每一个学习的学生，让我们的孩子成为学习的主人。

# 激活学生的写作思维

语文最重要的是写作和阅读，阅读是输入，写作是输出。而写作往往是学生最头疼的事情，作文分50分，几乎占了语文的半壁江山，如果作文写不好，语文是不能得高分的。

作文如何得到高分？要让作文得高分，就要让学生充满信心，觉得写作文就是写生活，文以载道，通过生活表达自己的感情，生活就在身边，抓住生活的亮点，表现生活的品质，这样写出来的就是一篇很好的作文。这样看来，写什么，怎么写是写作的难题。写什么是生活的素材，怎么写是如何表达文章立意的构思。

秦老师在2017级1班的"多角度构思立意作文"给学生和我们上了很好的一课。

## 一、活跃思维多角度看问题

一上课，秦老师就用图片展示"手有五指"，从中让学生找到有哪些写作角度，并简单列出来。

这种看图说话的交流方式，形象直观，孩子们马上在小组内七嘴八舌地交流起来，孩子们从团队协作精神、分工合作的重要性、友谊等方面进行不同角度的交流，孩子们一开场就打开了思维，整个场面很活跃、热烈。

## 二、发散思维看立意

秦老师在大家的思维都活跃起来后，带领同学们进一步深入思考已经学过的课文"社戏"如何从多个角度来表现文章主题：刻画了一群农家子弟栩栩如生的形象，表现了劳动人民淳朴、善良、友爱、无私的美好品德，展示了农村自由天地中充满诗情画意的儿童生活画卷，表达了作者对劳动人民的深厚情感和对摆脱封建束缚的自由生活的向往。

### 三、思维碰撞找立意

秦老师以小组合作的形式进行口头作文的训练：_____，我想对你说。秉承让每个学生都精彩的行动纲领，秦老师让每个小组的5号和6号同学先说，其他组员帮助指导。可以看出，这个班级的小组合作训练到位，在组长的带领下，5号和6号同学在组内与其他组员进行大胆的交流，在他们发言结束后，其他组员进行热情的帮助。此时的秦老师不断巡视，可以看出她一方面在了解孩子们的学习状况，一方面在寻找展学的资源。

### 四、交流思维展立意

每个小组的5号和6号同学经过组内的表达训练、补充指导，早就想展示一下，当听到秦老师要求各组的5号和6号进行展示的时候，每个小组都很踊跃。

经过思维碰撞，孩子们的思维都已经打开了，这时的展示真是百花齐放，百家争鸣。

可以看出，秦老师让大家发言是经过资源梳理的。

有的小组展示：大哥，我想对你说。

选材："大哥"——组长对自己的帮助。当问及大哥是谁的时候，这名同学说是他的组长，听课的老师马上笑了，因为组长是位女同学。当问该同学为什么称组长为大哥的时候，这个同学说，组长虽然是女生，但她比男同学还泼辣，给了自己很多无私的帮助，就像大哥一样帮助自己，这种友情让他很感动，听课老师由大笑转为肃然起敬。

有的小组展示：老师，我想对你说；妈妈，我想对你说。显然，这些题材都表现了人与人的感情：亲情、师生情、友情。

最让人振奋的是有个小组的5号和6号竟然展示了：李白，我想对你说。

孩子们的思维被打开，他们玩起了"穿越"。孩子们从自己当下的辛苦、劳累，想起了李白的不得志。从李白不得志的状态又看到了李白的乐观、豪放，这引起了孩子们的共鸣：生活吻我以痛，我却报之以歌。孩子们模仿诗仙，边"碰杯"边吟诗：长风破浪会有时，直挂云帆济沧海。生活虽然充满艰难，但我们要乐观向上。孩子们的表现获得老师们的热烈掌声。

有的小组展示：青岛，我想对你说。通过选材青岛人晨练的样子、栈桥的朝阳来表达自己的主题：家乡美。

有的小组展示：橡皮，我想对你说。通过选择自己在发脾气的时候摧残橡皮，表达自己对青春期情绪控制不住的懊悔。

精彩的是，通过孩子摧残自己的橡皮，秦老师马上转入对孩子们青春期的教育引导和对学校公务的管理，让他们给乱刻乱画桌椅的同学写一封信，教育这些同学爱护公物。

在孩子们的思维完全被打开后，秦老师顺势进行了归纳梳理，选材可以选人、物、风景，立意要表达情感或品质，说到底是托物言志、借景抒情，做到情景交融，情景统一。

一篇作文"写什么""怎么写"，只要选好材，立好意，写作似乎变得很容易。在秦老师的引领下，孩子们的思维都被打开了。我们看到了孩子思维碰撞的热情，思维交流的激情，老师梳理思维的深情，此刻的孩子，信心满满，我们看不到写作的畏难情绪，我们看见的是孩子们都拿起了笔急于写作的样子。

# 如何写一篇作文？

　　学好语文无他，就是阅读和写作。阅读和写作是相辅相成的，一个输入一个输出。那么如何输出呢？

　　要想写一篇好作文首先要立好意。

　　立意是最重要的，"意"是一篇文章的神，形散神不散，言为心声，一切的语言都为"意"服务，否则，就是废话。

　　"意"是文章的主旨和中心，文章所有内容都是为表达主旨和中心服务的。主旨和中心就是我们前进的方向和目标，否则就是跑题，就是中心不突出，出力不讨好。

　　"神""意""中心""主旨"是最重要的，我们在写文章之前，首先要知道我们要表达什么，就是要清楚我们表达的这个最重要的内核是什么。

　　写人的文章，这个神就是性格；写事的文章，这个神就是道理、启示；写景写物的文章，这个神就是精神、特征；议论文里这个神就是论点；在小说里这个神就是人物形象。

　　神就是灵魂，就是统帅，有了神，一篇文章才能闪烁思想的光辉。

## 一、想写好文章就要选好材料

　　材料是外在的，神是内在的，文以载道，我们通过材料来看到内在的精神。如何选材？毋庸置疑，选材必须在中心、主旨的引领下进行，与中心和主旨无关的材料再好也不会选用。

　　选材要好好观察。观察就要与每个材料进行对话，材料可以是具体实在的事物，也可以是启迪人心的道理；材料可以是眼前的，也可以是过去的；材料可以是中国的，也可以是国外的；材料可以是正面的，也可以是反面的。

观察材料就要将材料通过"记叙、描写、说明、议论、抒情"等表达方式来表达。通过具体人物、具体事件、具体特征、具体情节、具体材料来表现文章的中心。

### 二、想写好文章就要谋篇

有了神，有了形，就要进行排兵布阵、布局谋篇。我们要考虑叙述的方法。

顺叙就是按照事件发生、发展的时间先后顺序来进行叙述的方法。

倒叙就是把事件的结局或某一突出的片段提到前面来写，然后再从事件的开头进行叙述的方法。

插叙就是在叙述主要事件的过程中，根据表达的需要，暂时中断主线而插入的另一些与中心事件有关的内容的叙述。

平叙就是平行叙述，即叙述同一时间内不同地点所发生的两件或两件以上的事。通常是先叙一件，再叙一件，常称为"花开两朵，各表一枝"，因此又叫作分叙。

### 三、想写好文章就要考虑详略得当

表现中心的材料不可能面面俱到，要抓住一个或几个点进行详细描写，进行全景式的展示，其他材料只为丰富中心，可以略写。

要让一篇文章紧密衔接，在段落与段落之间或者事件之间进行过渡衔接。

一篇文章要紧紧围绕表达什么，用什么表达，如何表达来展开。我们要去观察，去对话要表达的材料，用材料表达的过程中要进行转化，将材料转化成你要表达的神，转化成要表达的神以后，最好拓展到自己，我该怎么做？

# 老师授课重器更要重道

器是形而下的东西，是脚踏实地、是落地、是技巧、是套路、是知其然。

道是形而上的东西，是顶层建筑，是思想、是引领、是知其所以然。

儿子吹萨克斯要考9级，他跟一名曾是军乐团成员的老师学习，马上要考级了。但有一个高音上不去，儿子的萨克斯老师就让他去找青大琴行的宋老师维修，宋老师水平较高，他还是考级委员会的考官。

宋老师让儿子吹了几下，让他演示哪个音吹不上去。宋老师一听，将哨片一调整，儿子就将音吹了上去。

吹不上高音在儿子看来是大麻烦事，他甚至发脾气，可在宋老师手中几秒钟就解决了。

"你知道是怎么回事吗？"宋老师问儿子。

"不知道。"儿子诚实地回答。

"是哨片的事。"宋老师说："你知道你的哨片有什么问题吗？"

看见儿子不懂，宋老师又说："萨克斯是用气来吹的，而不是用口水来吹，你的口水浸入哨片中，哨片失去了弹性，高音自然上不去。怎么办？你可以自己维修，将哨片剪短，长度变短，弹性会加强，高音就上去了。你还可以用剪刀将哨片削一削，将哨片被唾液泡坏的地方削去，再找小砂纸将哨片磨平，这样哨片也能恢复弹性，高音也就上去了。另外，你用的是进口哨片，每个二三十块，不如用国产的两三块钱，坏了自己修，这既能省钱又锻炼技能。"

宋老师的一番话语让我肃然起敬，他不仅让孩子明白了问题所在，还告诉了孩子如何解决问题。

我带着崇敬的心让儿子将考9级的曲目《梁祝》吹给他听，他听完后，皱起眉头，问儿子："你知道《梁祝》的故事吗？老师讲给你听了吗？"

儿子低头说："不知道，没有。"

"曲以载道，以曲传情，曲子要表达的思想和情感都不知道，这怎么能吹好曲子。"宋老师说。

他的这番话对我触动很深。

我想起了课堂讲课，我们的某些老师没有引领孩子去探究问题运用的思维是什么，涉及的思想是什么，只是为做题而做题。到头来，学生不过是做题的机器，接受知识的容器，而不会拥有探究的思想，生长的大脑，学生越学越懒，路越走越窄，渐渐也失去了学习的兴趣。

"《梁祝》讲了一个凄婉的爱情故事……"宋老师动情地给儿子讲述这个故事，儿子听得双目时时闪光，我想儿子定是被这个故事打动了。

听完这个故事儿子再吹这首曲子的时候，他的手上少了一些机械，多了些谨慎，脸上少了些懵懂，多了些神圣，那曲子似乎少了枯燥，多了灵性，我们的心也柔软起来。

# 复习课要有效率

效率是课堂的生命。一节高效课堂，不仅能完成既定的学习目标，还能提高学生的各种能力，甚至能涵养学生的精神。

## 一、复习课要符合学生的认知规律

复习课要将知识纵横交错，融会贯通，就要经过三轮复习。

首先，要进行单元知识点的纵向复习，这一轮复习要用思维导图的方式将单元知识框架化，让学生将知识结构建立在脑海里，这一遍复习是学生在老师的引导下进行的地毯式的自我复习。

其次，要专题化。这轮知识的复习要按照专题让知识系列化，在专题中让学生掌握知识学习的规律和方法。

再次，要综合化。综合是单元知识点和专题的综合运用，通过这一轮的复习要将知识融会贯通，将知识整合为一体。

## 二、试卷讲评要有针对性

我们不管进行哪轮复习，肯定要有一定的试题监测。为了引起学生的重视，凡是对学生的监测，老师就要批阅，只有批阅了，给学生找出问题，才能给学生一定的刺激，让学生对自己的知识掌握程度有一定了解。经过批阅，老师在讲题的时候就会根据学生学习的情况来确定试卷讲评的重点。试卷讲评最反感的是从头到尾一道一道题地给学生去讲，这样没有针对性，老师讲的题可能绝大多数同学都会了，再讲一遍，学生就不愿意听，这样就大大浪费了学生的时间。我们要讲评的是绝大多数学生容易出错的难点、易错点、混淆点、关键点。

### 三、课堂学习要让学生站在舞台正中央

让学生站在舞台正中央就要让学习在每个学生身上发生，要让学习发生在每个学生身上就要让每个学生充分地学习，让每个学生充分地学习就要进行小组合作。

试卷讲评课要重视小组互相学习，典型试题让学生展学。互学在前，以互学为主，展学在后，以展学为辅，老师导学点拨，学生巩固训练。

我们听课过程中发现某数学老师将孩子们出错的题进行展学，结果，只是会了的同学一种思维的展示，许多同学根本就不会，所以在同学展示的时候还是听不懂。正确的做法是，小组内对于这些出错的题由小组长带领组员进行合作学习，通过合作学习让每个同学都能掌握。老师为了检查小组的学习效果，让小组的5号或者6号同学起来回答问题，答对了，证明小组合作落实较好，答不对证明合作较差。如果大家都会了就没有必要进行展学了。

在听课过程中，我们也发现某英语老师没有小组合作学习的概念，他不分层，只让某个举手的同学回答问题，这名同学答对了代表所有同学都会了，这是用个别代替整体的表现。当课后评课的时候，我问这名老师："为什么不用小组合作？"这个老师的回答让我很意外："每个组的1号和2号都不会。"这个老师的回答让我很生气，1号和2号都不会你能教会全班学生吗？我让他建立"组长群"或者"尖刀群"，必须保证每组内优秀的同学学会，然后让这些优秀同学当助教进行小组合作去教会组内不会的同学。

### 四、课堂学习要关注每个层次的同学

要关注每个层次的同学就要托底培优，分层推进，分类指导。题目起点低，终点不封顶。

这样的课堂就像万马奔腾，老师要有较强的把控课堂能力。老师会根据不同的时间节点，让同学互学、展学，老师进行导学。跑得快的同学在老师不打断的情况下尽己所能，向前快速做题。老师也可以让不同梯度的题在不同层次的学生间流动学习。

这种课堂根据不同难度的题目，自动照顾到不同层次的同学的学习需求，让每个层次的同学都得到照顾。

### 五、要注重激励

教育是唤醒激励，教育是为了让学生有责任感和荣誉感。

小组内同学代表小组回答问题，答对了，自动上黑板给本组加上规定的分数。这样既对回答问题的学生是一个肯定，也是对小组的激励。每个小组每周的得分作为评选班级之星的依据，换取换座位的权力。这种措施可以不断激励学生进取，让学生抱团发展。每个小组都被激活就意味着每个同学被激活，这样，整个班级的学习样态就会活力四射，就会减少走神、睡觉的情况。

一节课只要有了效率，就有了生命的律动，就会让老师和学生体会到学习知识的成就感。

# 试卷讲评课该怎么上?

期末复习阶段,验证学生的掌握情况的重要方式是考试,掌握得好坏,一做卷子就知道。可卷子做完了,如何讲评?

## 一、要及时批阅试卷

学生的卷子做完了,老师要趁热打铁,争取以最快的速度批阅出试卷,最好是今天考完今天批阅完。为什么要当天批完?因为要抓住学生的心理,刚考完,学生最想知道自己做得如何,心里装着考试题,这个时候老师要给学生及时的评价,如果时间长了,学生的热情就没有了。根据艾宾浩斯遗忘规律,学完的知识刚开始是遗忘最快的,这时候趁热打铁就可以很好地巩固。

试卷及时批阅是引领学生学习的基础。老师只有批阅了试卷才知道学生的掌握情况。老师对试卷的批阅情况是老师上课的方向,根据学生掌握知识的情况进行讲评,才能有的放矢、因材施教。

当然试卷的批阅是很辛苦的,许多老师不愿意付出劳动,草率地给学生讲评而不会给学生的考试做出恰当评价,这只会打击学生的学习情绪。

一分耕耘一分收获,要想把试卷讲评好,老师就要克服各种困难将试卷批完。

## 二、要把握讲评原则

1. 学生会的不讲、学生能自己讨论学会的不讲、怎么讲也不会的不讲。要讲易错点、困惑点、启发点。讲评绝不能从头到尾地全讲，这样没有重点，造成时间的浪费。要根据批阅的情况分层次、分类别进行讲评。学生做题过程中失分多的题一定要讲，做题过程中出现的似是而非的情况一定要讲。

2. 以"展示—讨论—梳理"为主，展示"错题"让学生讨论查找原因，让学生梳理方法。展示"对题"让学生讨论查找思路，总结规律。整堂课就是一堂查验反思课，查找问题，寻找方法，总结经验，提炼规律。

展示分两种：① 老师根据批阅情况，直接展示有针对性的资源，如做错的题、做对的题、做不下去的题。② 学生经过讨论后代表小组上讲台，以"小先生"的方式向同学们进行讲评，在展示的过程中，如果碰到难点，本组的同学可以上台帮助。

### 三、要探究讲评方式、方法

试卷讲评课绝不是老师的灌输课，不是老师根据学生的错题情况进行自说自道，把正确答案讲一遍，而是老师引领学生进行探究学习、合作学习、自主学习。平时上课是知识的"点"的学习，复习考试是引领学生进行"面和体"的学习，在老师的引领下，让学生自己悟出学习的经验规律。

1. 要充分运用小组"互学"。课堂上老师确定要讲的题，一定要让同学在小组内充分讨论掌握，不能直接让学生进行展学。学生经过了合作学习、思维碰撞之后，会极大提高每个学生的学习效果，学会是落实到每一个同学都会，而不只是几个同学会。

2. 要充分给学生"展学"的机会。教育是对话，在生生对话和师生对话中，孩子们对知识的掌握会进一步深入，懂了不一定会了，会了不一定通了，学生能将题给同学们充分展示出来，就是真会了。

3. 老师一定要给学生"固学"安排。知识学习完，一定要引领学生总结、梳理，老师要布置整理错题的作业，让学生将错题整理到错题本上进行检查。老师要引领学生进行持续的思考，当一个同学将题目的解答展示完毕后，老师要问："还有别的方法吗？""谁还有不同的解答？"这样的课堂会洋溢着思考的氛围，让学生保持着深度思考的状态。

4. 老师要充分利用多媒体提高学习效率。初三·二班的曹老师，充分运用手机同屏的模式大大提高了学习效率。一方面她在批阅过程中，将要讲授的知识点都用手机拍下来，在课堂上可以直接展示；另一方面她可以用手机直接拍同学现场做题的情况进行即时展示，这比投影要快捷高效，投影只能将实物放在上面才能展示，而手机同屏可以将要展示的东西放在手机上根据需要随时用屏幕展示。

5. 一定要注意学习的激励。我们采用"问题探究，互助合作"的学习方式，学生展学后一定要给小组激励，加分是一种肯定，是一种引领，是一种荣耀，为小组加分的同学会有一种获得感、成就感，这让同学们喜欢展示，喜欢学习，这对其他同学也是一种很好的促进。遗憾的是，我看到许多老师经常忘了给小组加分激励，我想孩子内心肯定会有遗憾。在课堂上，我们能看到，代表小组同学展示获得加分的同学从讲台上走下来，他们的脸上向大家露出"最美的笑容"，这是知识获得的快乐，这种愉悦感让学生体验到学习的幸福。

试卷讲评是学习的总结提升阶段，是学习的查漏补缺阶段，是学习的综合提升阶段，这个时候最能提高学生的学习效果，提升学生的学习兴趣和自信心，我们要付出，更要把握原则，还要运用恰当的方式方法。

# 数学试卷讲评课的思考

数学试卷讲评课讲什么？如何讲？

为此，青岛四中数学教研组开了两节研究课，一节是张老师初三的试题讲评课，一节是韩老师初一的试卷讲评课。

这两节课侧重两个维度，初三的课侧重现做现评，初一的课侧重做完试卷的讲评。

这两名数学老师是学校的中青年老师，都有较高的数学素养，都侧重培养学生的数学思维。

讲什么？

张老师是一名善于培养学生思维的老师，他本人就非常善于思考。张老师从寒假开始根据初中三年的数学知识自己编了15套试题，这15套试题中每一个题目都是张老师根据自己的研究编的，他根据分层班级的情况又进行重构，以便适合学生训练，他认为题贵在精，不在多，要做一道题，会一片题，讲究知识的融会贯通。

韩老师授课的班级是学校的B层，他利用好分数阅卷的情况将学生的情况分类，找出了易错题、难题、知识点易混的题。好分数发挥了大数据的精准和综合性，每个题目学生做得怎样，学生通过率多少，都会给老师一个非常清楚的结果，这样老师可以根据学生做题的情况进行题目的讲解。

怎么讲？

教学是教学生学，讲题是教学生讲，通过讲题让学生学会、会学、乐学。

张老师采用范式教学法，第一道题让学生当堂做，学生做完后，让学生展示，在学生展示的过程中，老师带领学生总结规律。他讲的内容是一次函数应用，从一道题中他带领学生总结出三个规律：① 数形结合；② 追根溯源；③ 依据信息建立"自构点"。其中"自构点"的建立是张老师的创造，自构点创造性地运用可以让学生触类旁通地解决函数问题。有了第一道题的解决路径，张老师马上进行拓展训练，通过变式训练让学生巩固学习。

不足之处是张老师在让学生从自学到展学的过程中缺乏学生之间的相互合作学习，孩子们的思维缺乏碰撞、交流，课堂气氛不够热烈。

韩老师的指向性比较明确，因为题已经做了，根据结果分类将易错题、难题、知识点易混的题给大家讲解，并用到了小组加分激励。

韩老师的课最大的不足是对于目标很明确的题，没有组织学生充分讨论错在哪里？而是直接让小组成员起来回答问题，由于缺乏讨论交流，孩子们缺乏自信，所以举手回答问题的学生比较少，韩老师看起来很着急。

在评课交流的过程中对于试卷讲评课我们该讲什么内容？怎么讲？老师们进一步达成共识：数学课要培养学生的思维，让知识转化成智慧，不能搞题海战术，我们要让学生学进去、讲出来、写下来。对于较难的题，我们不能让老师的讲代替学生思考的过程，要首先让学生进行小组内的讨论，如果小组讨论依然解决不了，小组与小组之间可以合作讨论，如果解决起来还有难度，那么老师就要启发学生，给学生解决问题的脚手架，让学生在老师的引领下自己解决问题。对于成绩薄弱的同学，小组内与之结对的同学在教会他之后，还需要求这名同学再给师傅讲一遍，这样可以确保学生真正理解掌握所学的知识。

# 通过试卷讲评引领学生反思学习

刚到校两个多月的初一孩子进行了进入初中生活的第一次重要考试——期中考试，如何通过试卷讲评反思来引领学生进行归纳学习，这需要功夫，听了语文姜老师的课，我们深受启发。

初中的考试与小学有什么不同？

语文姜老师的话音一落，孩子们就说："题量太大了。""题型太多了。""作文的字数多了。""感觉需要费很大的劲才能做完题。"

姜老师问："有多少同学感觉能够游刃有余，能够轻松地答完题？"竟然有十几个同学齐刷刷地举起了手。

"这已经不少了，但同学们能真正扎实地答完题吗？"姜老师看了看同学们说，显然，姜老师对包括举手同学的答题准确度是不满意的。

一问一答中，初中和小学的不同形成了对比。小学的题量肯定是少得多，题型也单一得多，绝大多数同学都能轻松答完题，并且得分率较高，所以，在小学，语文不得优秀的很难，可是到了初中的第一次考试，同学们感受到语文想得优秀真是太难了。

许多孩子显然在第一次考试中就失败了，但败在哪里他们是不知道的，他们此刻很需要老师的帮助。姜老师很理解孩子此刻惶恐的心情，她告诉孩子们不要害怕，通过试卷讲评，我们将知道如何应对。

姜老师亮出了三个问题：考了些什么？出了哪些题型？如何应对？

这三个问题简而言之就是：考什么？如何考？如何答？

问题干脆利落，这些问题问在了孩子们的心上。

## 一、考什么?

姜老师让同学们进行小组合作,一起完成导学案中的分类知识点。

| 内容分类 | 题号 | 知识点 |
|---|---|---|
| 基础知识30分 | 1、2、7、8、9、11、12、13、14、15 | 字音字形<br>诗文默写<br>古诗赏析<br>名著导读<br>文言知识 |
| 阅读表达40分 | 3、4、5、6、10、16、17、18、19、20、21、22、23 | 成语运用<br>修改病句<br>语言运用<br>概括内容<br>语句赏析<br>开头作用<br>内容理解<br>人物形象<br>人物描写 |
| 作文50分 | 24 | |

姜老师带领同学们将考点内容进行了庖丁解牛式的内容分类,包括这些题目要考察的知识点是什么都指导得清清楚楚。

"知己知彼,百战不殆",孩子们知道考什么,心中才能有数,内心才不慌张。

## 二、怎么考?

语文考试中常出现的题型形式如下。

1. 选择题(客观题)12道。

2. 默写填空题6道。

3. 语言运用、名著分析题2道。

4. 阅读理解题7道。

5. 不少于600字的作文。

姜老师带领同学从考什么到怎么考，进行了细致的梳理。

### 三、如何答？

知道了考什么，如何考、如何作答就是关键。

基础不稳，地动山摇。基础知识占30分：字音字形、诗文默写、古诗赏析、名著导读、文言知识，对于基础知识如何拿分？这似乎没有什么特别的法宝，姜老师给同学们两条建议：

1. 读写，反复读，反复写。

2. 理解+背诵（诗文赏析、名著、文言现象）。

总起来说：扎实背诵是前提，灵活应用是关键。要问如何记得牢？不动笔来不复习。

姜老师特别强调"理解"，因为只有理解了才能把握内容的本质，就是"知其所以然"；"扎实"就是不失手；动笔落实，背一百遍不如默一遍，只有准确地落实在纸面上才是真正的懂了、会了，落实在嘴上的是没用的，因为说和写还有一定的距离。

阅读与表达是语文考试的主体，姜老师以真题再现的形式来概括内容、语句赏析、开头作用、内容理解、人物形象、人物描写，抽丝剥茧，结合着原题的要求，给出了解答策略。

1. 做题先审题。

2. 常见的阅读题型，要熟知答题思路。

3. 内容理解题要细读文本。

在做题中审题是前提，题目审不好，就会出力不讨好。

做题都有方法，要按照方法去解答，在解答过程中一定要细读文本，把握文章或者句子要表达的意思。

在阅读中，语句的赏析是难点，如何赏析语句，姜老师给孩子提出了赏析的角度：

1. 修辞方法+表达效果。

2. 精彩词语+表达效果（描写的角度）。

3. 特殊句式：短句连用，四字词连用（押韵、有节奏、抑扬顿挫、活泼、富有动感）。

4. 语言独特性：如文白相兼、书面语和口语相结合、小词大用、增加幽默诙谐感。

姜老师的整堂试卷讲评课条分缕析，针对性强，从考试内容到考试题型到如何应考作答，姜老师带领孩子们进行了充分的梳理。每个孩子也做了整理，孩子们在迷茫中、困惑中找到了问题解决的方向，眼睛逐渐变得清澈明亮起来。我相信，假以时日去操练，孩子们肯定会取得好成绩。

# 怎么开展"空中课堂"学习？

因为新冠肺炎疫情推迟了开学，如何让学生在家学习？应该采取什么样的学习软件？采取什么样的学习方式？家校如何合作？这些问题都值得我们探究。

为此，我们学校反复研讨了"三最空中课堂"：最适合学生在家学习的方式，最有利于家校合作的方案，最方便学生操作的软件。

## 一、学校成立了研发小组，积极探索，科研先行

研究、发现、实验、实践必须走在前列，在大家没有行动起来的时候，我们必须首先趟出一条路。学校成立教学分管校长、教务主任、计算机老师、各教研组计算机先进分子组成的研发群，这些领导和同志遵循学校的方针进行积极寻找和发现。

经过前期对钉钉、腾讯课堂、微信等多个软件的反复试用、模拟、比较和权衡，学校最终选用了"腾讯会议"、云空间及班级微信群相结合的"互联网+"教学模式。"腾讯会议"安装操作相对比较简单，只需要发送学科的"会议预约邀请"，学生点击链接即可进入。

## 二、实践推广，分组培训，全员掌握

每个教研组的计算机先进分子负责把学校研发出来的模式先培训组内年轻的、能够快速掌握此项技能的老师，然后这些掌握了的老师就一对一将组内学习相对较慢的老师教会。这些学习相对较慢的老师大多是年龄较

大的老师，他们因为对孩子深深的爱，表现出了刻苦攻关的劲头，老教师学习的精神很感人，他们很快也学会了。

为了更好地运用掌握的模式，教研集备长就在组内让老师们逐一模拟讲课，一个老师模拟讲课，组内其他老师模拟学生，并保证让每个老师都进行演练。

为了更好地实战，学校提前让七年级创新班的语数外老师各上一节课，全校的老师都在群内进行观摩听课。三节课下来，教学校长带领全体老师进行网上大教研，先由上课的老师谈体会、谈困惑、谈建议，这三个亲自实践的老师谈完后，其他老师作为局外人根据观察提出建议，最后教学干部再进行指导，提出要求。

### 三、严密组织，典型引路，家校合作

开课前，德育干部利用网络召开全体班主任的会议，让班主任针对"空中课堂"给学生和家长提出指导要求。班主任利用"空中课堂"进行学生、家长一起参与的家长会，从思想上让学生收心、让家长放心，明确操作流程，争取学得舒心。

每节课控制在30分钟以内，这样可以避免让大家盯着电脑太久产生视觉疲劳。学校针对每天的学习情况，给每个孩子从早到晚发放作息时间表。

每次开课的前一天由教务处统一在公告群内发送各科会议预约邀请链接，所有人根据邀请链接进入课堂听课。

为更好地对学生进行管理，每个班级按照学校小组的要求给每个组内的同学按照序号写上名字，小组内每个同学有不同的任务，有的管纪律，有的收作业，有的传任务，人人有事干。

家长的任务是在孩子进行不同活动的时候帮助孩子打卡上传班级群。

我们安排第一周先整体上，全年级的学生统一由一个老师上，这个老师是最擅长运用电脑的，这样就给其他老师提供了学习和思考的时间。第

二个周，每个老师都熟练地掌握技术后，我们会让每个老师只针对本班的学生上课。这样从整体到部分，由彼到此，便于老师们熟练掌握。

第一天直播的年轻教师，在直播中从容地组织学生点名、展示课件、播放视频、进行师生互动，同学们积极踊跃、争相回答，其他任课老师也随时在群中耐心指导。课堂气氛活跃，反响效果良好。经常下一节课程不到开课时间，同学们就早早候在虚拟教室里了。很多同学不由发出感慨：又像回到了熟悉的教室，回到了课堂。

直播时，分管年级的干部、全体老师全部进入分管年级听课，在一天的直播课程结束之后，分管年级的干部就会带领本年级的老师进行"年级教研"，其步骤还是由上课的老师谈上课体会、不足和建议，其他老师作为观察员进行建议，干部进行总结和指导并提出要求。

### 四、利用资源，开阔视野，自主学习

除了网络直播课程外，老师们还结合当前形势和各学科特点，为不同年级的学生推送丰富的教学资源，开阔学生的眼界，丰富学生的知识层面。很多老师还熟练运用学校的"问题探究，互助合作"的"五步导学法"教学模式，让学生小组合作学习、居家有效固学。针对部分学有余力或接受知识较慢的孩子，老师则将本节课的课件、文档及精心选择的拓展视频传输到班级群或云空间，方便孩子们自主学习、多样学习。

### 五、团队作战，精打细磨，充分沟通

疫情当前，停课不停研。四中干部和老师们面对当前形势，静下心来，扑下身子，随时开会、精心备课、细心磨课，发挥学科教研组和集备组的力量。老师们广泛收集课程资源、提前进行微视频的录制、反复直播试讲，保证了高质量的直播。直播的同时，学科组的老师还在互相听课、评课，为后面的直播课积累更多的经验。晚间，老师们则认真批改上传的学案或作业，对有疑问的学生进行网络答疑和个性化辅导。

　　让每个老师都参与研究实践，在现有的工具的基础上，我们随时寻找更先进的工具，以便做到迭代升级，提高孩子的学习效率。

　　让每个家长都参与到孩子的学习中来。我们充分发挥"家校合作"，发挥家长委员会的作用，发挥每个家长的作用，学校和家庭、老师和家长充分沟通，让家长和老师一起引领孩子前进。

　　让每个孩子都能利用有效的学习工具和学习方式进行有效的学习，孩子思想顺畅了，工具掌握了，按照严密的流程安排，孩子们就会投入到高效的学习中来，让"空中课堂"真正发挥作用。

# 如何保证"空中课堂"授课的有效性？

　　"空中课堂"已经开展一个周了，这是疫情期间"停课不停学"的最佳学习方式，学习无边界，这也是未来学习的大趋势。

　　"空中课堂"以自学为主，这种学习有利于培养学生自主学习，对学生的终身学习是大有帮助的。

　　可是，初中生年龄相对小，性格、情绪都不稳定，还不具有完全的自我管理能力，这就需要我们一起探索"空中课堂"有效的授课方式。

　　问题一：录课？直播？

　　许多学校都采取了录课的方式，老师到录播教室提前录好要传授的内容，根据自己的预设和想象完成一堂课的内容。

　　直播，就是老师与学生就授课的内容进行对话，这种对话可以是语音，可以是文字，可以是图像。

　　很显然，直播有在教室上课的真实感，不同的是看不见老师的真人而已。我们知道，教育是对话，是因材施教，教育不是灌输，不是自说自话。教育是老师引领学生进行知识的思考、学习、探究、展示，在学生达不到一定程度的时候，老师适时地出来点拨、解释、总结，让学生走向更高的思维和更加高远的平台，在这种情况下，学生就有了知识获得的成就感，思维和精神生长的荣耀感，从而让学生喜欢继续学习，喜欢更加努力地学习。

　　录课显然是单边主义，既缺少了对学生的互动关照，也缺少了教育的规律和艺术。

问题二：45分钟？40分钟？30分钟？

我们平时的一节课是45分钟，但如果45分钟都盯着手机或者Pad、电脑来学习，一天下来，学生的眼睛就会受到严重的伤害。

科学研究，学生的有意注意是有限的，一般是15分钟左右，也就是说，一节课中的前15分钟是最重要的，这15分钟是学生最能聚精会神学习的时候，在进行15分钟学习后，就要进行一些无意注意的放松学习。

因为健康和学习规律的原因，我们选择30分钟的学习时间。

问题三："问题探究，互助合作"五步导学法在线上还能应用吗？

五步导学是自学—互学—展学—导学—固学，依托的是导学案和小组合作。

我们相信线上依然可以运用"五步导学法"，这时候的五步导学更有利于促进学生自我学习，更能体现让学生成为学习主人的初衷。只不过，我们要更加灵活地运用。

我们可以在课前发布学习任务，让学生根据任务单或者导学案进行"自学"，学生有了疑问，可以让学生在"小组群"里进行互学，说到底，自学和互学主要放在课堂之外。

老师在课上主要进行展学、导学、固学。

展学主要是让学生进行展示，老师根据题目的难易直接按照分层次让小组的某位同学直接回答，让同学展示答案和思维。

导学主要是老师针对学生展学的点拨，同时在学生认识之上进一步提升学生的学习水平。

固学是小结，是训练，我们的教学是结构化学习，在每个知识点结束之后都要进行小结训练，就像竹子拔高的节点，这个节点是竹子继续生长的基础。当然，一堂课结束了也要进行总结，如知识方面、方法规律方面、能力方面、人格价值观方面，最后布置作业，这些是一节课的固学。

问题四：作业如何批改答疑？

同学们每节课都会上交作业，许多老师都运用了作业管家的小程序，这很清楚直观。老师要在学生提交作业后尽快批改，尽早把结果反馈给学生。

在学生不上课的空余时间，孩子们可以先在组内进行知识的答疑，老师也可以给出明确时间进行集体答疑，这个答疑是小组内没有解决的，这样可以节省老师和学生的时间，解答的问题也有一定的思维含量。

问题五：怎样保证学生的上课学习状态？

1. 德育部门提前召开家长会和学生会，让家长和学生高度重视。

2. 制度保障：网上上课与到校上课一视同仁，到时间不进网课教室的等同"迟到"，一直不进的等同"旷课"，达到一定积累，学校按照处分规定进行处分。

3. 家长配合：不断督促孩子的学习，主要是每节课将孩子的学习状态拍照上传班级家长群。

4. 班主任总结：一天课程结束后，班主任在班级群里就学生的学习状态、出勤、作业、纪律、积极性、好人好事等方面进行总结。

5. 要充分利用小组管理，组内人人有事干，事事有人管。

比如，对学生每节课在出勤、作业完成、课堂发言、纪律表现方面采取小组合作的方式进行量化考核。

这次疫情让信息技术强势走进每个老师中间，不管爱与不爱，为了学生的成长都必须面对，都必须乘势而上，选取合适的上课软件或者组合上课软件。但要有效地学习，更重要的是老师能因地制宜、因时制宜、因生制宜，多去探索、实验、实践，发动每个学生的力量，发动每个家长的力量才能科学、艺术地让课堂有效地进行，让学生学有所成，获得真正的成长。

# 听课可以有效提升网课质量

疫情期间，老师通过直播的方式上课，线上教学，这与老师线下面对面的上课方式不同。在线下，师生面对面教学，为了提升课堂质量，听课是有效提升课堂质量、提升老师专业化的重要手段。那么，线上教学有没有必要继续听课？如何听课？如何交流？通过实践来看，线上听课非常有必要。

## 一、谁来听课？

老师上课都有网络直播间，每个直播间都有链接信息，进入老师直播间听课是非常方便的事。我们觉得听课人主要分为三类。

第一，我们把学校教育教学领导都下沉到级部，每个级部都有三名教育教学的校级和中层干部，这些干部要轮流到各个班级根据情况进行听课。

第二，学校"先听后上，即时快评"，同一年级的老师，每天会安排一个老师先上，其他老师到网课教室听课，听完后进行评课交流。

第三，学校自由听课者，家长和老师如果有需要，可以根据学校发布的链接进入教室进行网课听课学习。

## 二、听课听什么？

第一，听课前的准备。

上课前，为避免网络上课的枯燥，老师可以打开视频与同学们进行面对面的交流，问问上节课的学习情况，反馈一下作业情况，询问疑惑情况。

这一环节相当于创设情境，进行课前热身，网课本身就不能真实地与学生面对面，这对学生的精神引领是个障碍，"隔空不隔情"，通过网络进行亲切交流，就会让孩子快速进入学习状态，感受到老师引领的温暖。

第二，听课堂时的状态。

上课中，老师上课的态度是不是充满热情？老师是不是共享课件？课堂上老师是不是一个人灌输到底？

在开始听课中，发现个别老师采取音频上课，不共享课件，这给学生的学习带来很大障碍，显然，这个老师没有好好备课。

还有的老师，纠正作业用了三分之二的时间，讲授的新课还没有展开，一堂课就结束了，显然，这个老师没有安排好上课的结构。

还有个别老师，一堂课从头讲到尾，一直灌输，缺少了与孩子们的互动，很显然，这个老师的授课方式出现了问题。

在听课中，老师让个别同学回答问题，但这名同学是沉默的，经过调查发现，有的是因为同学的机器原因，卡住了；有的是睡着了；有的是挂机，自己玩去了。

面对孩子睡觉，挂机玩耍的情况，肯定有学生的责任，反思一下，也有老师的责任：老师授课精彩吗？老师抓得紧吗？老师给孩子提出听课学习的任务了吗？比如，听课要做好笔记，下课笔记要反馈到小组里，上传到班级里，上课按时让学生回答问题，课后抽查学生回答问题，这样学生还能不认真听课吗？

第三，听课后的作业。

一节课结束，老师根据授课的状况布置了什么样的作业？作业是否分层？作业量如何？

作业是巩固学生课堂学习的重要手段，合理而有针对性的作业可以让学生在训练中进行反思、总结、巩固、提升，如果老师布置的作业不合理，要与老师进行沟通。

如何评课？

评课是以听课内容为平台进行知识学习的碰撞，在交流中听课者和授课者都是一种提升。

我们评课的步骤分三步：反馈、沟通、要求。下课后，听课者马上"反馈"，通过视频对话或者电话沟通，进行简短的"三优点两建议"，即给课堂提出三条优点和两条建议。就优点和建议进行"沟通"交流，让老师清楚一堂课的优势和不足。"要求"就是明确老师努力的方向，针对不足，对老师的要求要明确，要求宜具体，切入点要小，便于老师快速提高。

### 三、网上听课的意义是什么？

第一，让老师和学生有上课的仪式感。

虽然是线上学习，但我们也有线下学习的要求和步骤，课堂上除了老师、学生的教与学之外还有参与的听课者，这种第三方的参与，让老师和学生都高度重视。

第二，引领老师专业提升。

线上学习更能整体直观地展示一个老师的授课状态和水平，通过听课，通过交流，会促进上课老师精心备课，精彩上课，在交流碰撞中，在反思实践中螺旋上升。

第三，帮助老师发现问题。

老师在上课中没有助手，线上听课的领导和老师就可以帮助上课老师发现问题，指出问题，解决问题，防止老师"不识庐山真面目，只缘身在此山中"。

总之，听课对于维护学校网课正常的上课秩序，不断提升老师的授课水平，提升老师的教研氛围，提升学生的学习能力有着重要的意义。

# 三

# 教师成长篇

创设适合每个孩子的教育

# 教育的信仰

高山仰止，景行行止。先生之风，山高水长。

于漪先生于2019年9月29日上午在北京人民大会堂的金色大厅被授予"人民教育家"的奖章，这是共和国首次颁发"人民教育家"这一国家最高水平的荣誉称号，于先生的教育事迹和贡献永远写在共和国的史册上。

于漪先生从教68年多，每天都有人去听她的课，所以她说，她每天都上公开课，就连早读课也不放过。如今，于漪老师仍主持着上海市语文学科德育实训基地的工作，时常深入中小学听课，辅导青年教师，在各种论坛上发表自己对当下教育的观点。90多岁高龄的于老师，教育理念之先进、对教育问题剖析之深邃，令人称赞，令人学习。

为什么于先生终身都在攀登，终身都在奋斗，终身都在成长？她说："一辈子做老师，一辈子学做老师。"

我想最重要的是于漪先生对教育的虔诚，做教育是她一生的信仰，生活是信仰的源泉。生于1929年的于漪，随着华夏浮沉饱受屈辱和艰辛，苦难的经历告诉于漪：个人的命运与民族和国家的前途息息相关，家国情怀在她童年的心灵中深深扎根。

她说："一个人一辈子走一条正确的人生道路，心中一定要有盏灯。这就是理想，就是信念，是跟祖国、跟人民糅合在一起的。"

没有对民族文化的血肉亲情，就难为"为中华民族而教"的高度自觉的教育信仰。

自从教那天起，于漪先生就有明确的使命追求，她母校镇江中学的校训"一切为民族"伴随她终身，这五个字成为于漪老师铸造师魂的基因。

"书中华魂，立民族教育根"是她终身的奋斗目标、始终不变的精神追求。她的一生梦寐以求的就是使这美好的理想通过艰辛的劳动变成现实。她说："教师一个肩膀挑着学生的现在，一个肩膀挑着国家的未来。"她知道今天的教育质量就是明天的国民素质。

为中华民族而教的崇高信仰，让她的生命永远燃烧激情。

于漪先生的大境界让她总是站在教育的制高点上。

我们不能办没有灵魂的教育，要"滴灌生命之魂"。办教育须有制高点，办教育必须确立制高点。在改革开放的条件下，要把基础教育办得生机勃勃，质量优异，须站在相当的高度来思考问题，须在宏观上有较为科学的总体设想，对教育的外部环境和内部条件做实事求是的分析。

首先，要站在时代的制高点上。办教育的人要有相当程度的职业敏感，适应时代的发展，应该而且必须主动迎接改革开放给社会带来的新变化、新气象的挑战，坚定地抵制社会上不良风气对学校教育的浸染，建设良好的育人环境。

其次，要站在战略的制高点上。众所周知，面临21世纪的各种挑战，作为新科技革命的基础和动力的教育被推到各国的前沿阵地，具有越来越重要的战略意义。在未来的信息社会里，人们注意的是未来，知识和信息被看作最重要的战略资源。一个民族要想在未来的世界里取得政治和经济的优势，就必须大力发展教育。

再次，要站在与基础教育发达国家竞争的制高点上。教育之争是世纪之争，人才之争，国力之争。我国的基础教育有良好的传统，质量比较好，和发达国家比，在很多方面并不逊色。但在培养目标、教育效益、课程设置、教育手段、科学管理、考核评价等方面需要借鉴他国做法，学人之长，丰富自己，方能立于不败之地。我们要树立与基础教育发达国家竞争的意识，争民族的志气、民族的自尊，争在基础教育领域显示社会主义精神文明的威力。

登高才能望远，居高才能临下。站在世纪之交的门槛上办教育，既要继承我国基础教育的优良传统，又要有所突破，有所发展，有所创新，攀上教育指导思想的新高峰。

牢固树立育人大目标。

教育，就是培养人，提高人的素质。通过悉心培养，使青少年获得有效的发展，成人，成才。培养人就得精心研究人，研究今日的学生，研究明日建设者的形象。育人不是泛泛而谈，而是应放在特定的历史条件和社会环境中认识，有针对性，有时代的特征。教在今天，想到明天，以明日建设者所需要的素质与能力，促进今日的教育实践和教育改革。

身备两把尺子，一把量己之短，一把量人之长，越量越找到自己的不足，越比越觉得自己有加倍奔跑的动力。

"做一辈子教师，一辈子学做教师"，于漪先生说。休戚与共，血肉相连，教师必须与学生一起成长。

对于漪先生来说，"最可悲或者最可怕的是思想停滞贫乏，懒惰不得！思想一懒惰，思维就失灵，再也难长进了"。

于漪先生说："我对自己，无论是学术水平，情操品味，业务底蕴、教学能力都不满意，说实话，一辈子没有上过一节十全十美的课。"这是何等的境界！正因为如此，于漪才做到了生命不息，奋斗不止。

# 学习，拥抱前进的能量

人身体的成长靠食物提供必要的养分；专业的成长则靠学习提供必备的能量。

当一个人满足于自己在专业上的表现时，他就开始走下坡路了。当一个人开始封闭的时候，他的成长也就停止了。

历史组的成绩在我们学校遥遥领先，历史组的教学教研多次在大场合进行展示，大家都能感受到历史组的老师个个身怀绝技，个个都能唱好一台戏。历史组为什么这么优秀？究其原因就是兼容并包，好学上进。

## 一、在月考成绩分析会上陈老师和柳老师展示出学习的智慧

陈老师是初一集备长，她的课热情似火，激情四射，学生在她的课堂上学得充满乐趣，每个人都被调动起来。

陈老师的策略有哪些？

1. 每天课前20个小测试题。提前公布是哪些题，让学生先自学，一上课就测试这20个小题，大约3分钟做完，这20个小题都是陈老师精挑细选的，有较强的针对性，这样一上课，孩子们马上就能进入思考的状态。（陈老师说这是跟某些老教师学的）

2. 培养做题习惯。做题的时候，陈老师让学生画出关键字，这样一下子就可以让学生抓住重点理出方向。（陈老师说这是跟提炼总结方面的书籍学的）

3. 培养题感。让学生养成专注力，做题的时候不允许做与学习无关的

事情，要高度集中注意力，学生做题的速度快了，正确率提高了，学习的兴趣就有了。（陈老师说这是跟培养专注力方面的书籍学的）

4. 分层。在课余时间，陈老师把学生分成A、B层，这样学习更有针对性，A层学生要面批，B层学生的批阅由A层来完成。（陈老师说这是受当下分层教学的启发而来）

5. 现场抽签。陈老师在复习的时候为调动大家的积极性，让大家都参与随机抽签，抽中的同学答对了问题给小组加十分，答错了扣十分，这个活动惊险刺激，孩子们都很兴奋。（陈老师说这是跟电视上的综艺节目学的）

6. 小导师梳理知识。让优秀孩子做小导师进行知识的串讲，锻炼学生。（陈老师说这是从本校张老师那里学来的"小先生"策略教学法）

陈老师兼收并蓄，把这些教学策略用到了自己的课堂上，课堂马上精彩纷呈，孩子们也都反映上陈老师的课生动有趣还能拿到高分。

### 二、柳老师的课堂智慧有哪些呢？

1. 思维导图梳理章节知识。柳老师将自己所学到的思维导图教给学生，让学生将所学知识系统化。既用于预习又用于复习，学生将知识形成网状，从而达到提纲挈领的学习效果。

2. 及时奖励。柳老师从某培训机构给学员的颁奖活动中，感受到及时反馈及时奖励可以让孩子养成好的学习习惯，可以不断提升孩子的学习动力。柳老师就把奖励办法用于自己的课堂。她的奖励分三类：日常表现优秀、进步巨大、大型考试优秀。奖励的证书也很有特色，证书上有的印上古诗词"青春须早为""百尺竿头更进一步"；有的印上名人名言，如"目标始终如一"。她还会邀请班主任、家长、学校领导等作为颁奖嘉宾给孩子颁奖。柳老师还让家长在全班同学面前夸夸自己的孩子，同时让家庭成员分享孩子成功的喜悦。

3. 语音打卡。柳老师还从某培训机构那里学到学习打卡的方法，为了坚持推进，她利用小组结对的方式建立打卡学习群，小组内部成员互相检查背诵，过关打卡后就登记在班级学习打卡群。

### 三、以课题为引领将学习深入推进

历史组深入研究学校的"问题探究，互助合作"五步导学法，并分思考—实践—反思三个阶段进行推进，搞得有章有法。

历史组又与历史教研员陆老师联系进行"全历史项目教学"研究，所谓全历史就是全方位、全过程、全评价；所谓项目式教学就是做中学，知行合一。

青岛四中是市北区历史最悠久的初中学校，周边历史、文化的积淀浓厚。青岛曾经是德国和日本殖民地，在四中周围留下了许多德国和日本的建筑和文化痕迹。

历史组带领学生成立社团，撰写历史小报，定期进行成果展示，寒假进行研究性课题研究学校周边的老建筑，并形成调研成果。

整个历史组已经走到科研的道路上来，走上这条道路就能感受到每天的教学都是崭新的，都是有价值有意义的。

历史组能够不断前进，老师们前进的能量不言而喻，而这种能量靠的是不断的学习和探究。

# 教师要诗意地栖居

海德格尔说：生命充满了劳绩，但还要诗意地栖居在这块土地上。教师要诗意地停留在教育上，这是一种大情怀、大境界。对外贸易大学附属中学物理教师李兆锋老师就是这样一位诗意地栖居在教育上的老师。

李老师从教34年多了，他的教育得到了众人的高度评价，学生敬他"跟李老师上课有意思"，同行佩服他"李老师笃行教育，对同行毫无保留"，校长评价他"敬业、专业、乐业"。

朝阳区"名师工程"教学特色展示活动中，李老师给我们展示了一节"二维弹性碰撞"的物理课。

李老师作为物理高手，将高深抽象的问题简单化，他的目的是建立理想化的二维碰撞模型。开场，李老师问同学们"打过台球吗？"同学们说"没有"。李老师马上给同学们播放"台球走位"的视频。继而李老师发问："从台球走位视频中你用物理眼光看到了什么？"

在大家讨论之后，大家明确一个运动的球与一个静止球碰撞，如果碰撞之前球的运动速度与两球心的连线不在同一条直线上，碰撞之后两球速度即会偏离原来两球心的连线，这种碰撞为非对心碰撞；如果碰撞前后速度方向在同一平面内，称为二维碰撞。

李老师又问："在台球比赛中精准走位最精彩，影响走位因素很多，但碰撞后两小球速度方向之间的关系，对走位至关重要，请同学们猜想两小球速度方向之间有着怎样的关系？"

看到同学们有畏难情绪。李老师马上让同学们动手体验，通过现场实验体验二维碰撞，收集证据，验证想法。

动手操作、提出假设、验证假设最让同学们兴奋，这让同学们有了科学的意识，探究的行为。通过小组讨论、推理论证、交流展示，同学们得出"碰撞后两小球速度方向相互垂直"的结论。

在孩子们研究不顺畅的时候，李老师总会说："你已经很好了。""这个问题我说清楚了吗？""你看见了什么？""你想到了什么？""你想做些什么？""这是个基础性问题，相信你们能解决这个问题。"李老师话语似春风拂面，让学生内心温暖平稳，似流水潺潺，温润学生心灵，启迪学生智慧。

最后，李老师进行拓展，通过介绍核子碰撞、粒子散射、康普顿效应等现象，让学生体会到能量守恒定律的普遍性，体会自然界与物理的和谐统一。我们感受到了思维与物理的碰撞，生活与物理的交融。

科学精神是理性精神与自由精神的统一。

李老师的课堂让我们感受到一位内力深厚的武林高手，不动声色间就让学生完成了任务，学生思想的火花四射，理性的探究越来越明朗。这堂课让孩子们感受到物理有意思、有用、有意义，更让大家感受到师生共同探究学习的和谐之美。

从这堂课我感受到他的物理教育观：爱之以德，研之有物，教之成理。"爱之以德"是核心，立德树人是教育的任务，爱学生是教育灵魂；"研之有物"是从教学中的实际问题出发；"教之成理"是对物理教学规律性的探索，说到底"物理"就是格物致知。

李老师站在"科研"高度，"育人"高度，栖居在教育上。这种栖居充满了美好。李老师从教期间，毫无职业倦怠，他如何做到了诗意栖居？答案只有一个：做一个不停追梦的人。

他的第一个梦是当一名物理教师。

他的第二个梦是当学生喜爱的物理教师。要想让学生喜爱自己，自己首先要爱学生。"君子之爱人也以德。"对学生之爱是君子之爱，这样会得到学生的喜爱。

　　第三个梦是做有教学特色的物理老师。将"情景式教学"与"探究式教学"融合，构建体验式自主学习模式。

　　第四个梦是成为一名研究型教师。基于问题的研究，由"教书匠"走向"研究者"。

　　人生有梦，不断超越，正因为李老师将学生的成长发展放在自己心中，拥有了不断超越的梦，他的教育之路也就充满了诗情画意。

# 因材施教

每个生命都是一个神圣的个体，都有着不同的禀赋，孩子不同，引领就不同，没有"万能钥匙"可以打开每个孩子的"心锁"，只有从实际出发"一把钥匙开一个锁"。

对于不同的孩子，给孩子提供的策略和发展的平台不一样。把个性从笼子里解放出来：给猴子一棵树，给老虎一座山，给骏马一片草原，给鱼儿一条河流，你将看到一个活蹦乱跳的顽猴，一只虎虎生威的猛虎，一匹绝尘千里的骏马，一条闯荡江湖的活鱼。

我们的选课走班就是因材施教的具体表现，孩子们根据自己学习的水平选择适合自己的层次，不同的层次有不同的进度，有不同的教学内容，有不同的教学方式。

提供适合每一位学生学习的教育和课程，倒逼课堂教学也要发生变化。教师要围绕学生的需求去开展教育教学，发挥学生的主动性。教育教学要开始思考如何真正以学生为中心，做到以学生为本。在课程和资源的研发中，要围绕学生的需要，考虑如何才能适合学生的成长，更多从服务学生的学习去开展工作。

圣人孔子在当老师的时候就开了因材施教的先河。

子路问："闻斯行诸？"子曰："有父兄在，如之何其闻斯行之？"冉有问："闻斯行诸？"子曰："闻斯行之。"公西华曰："由也问，闻斯行诸？"子曰："有父兄在"。求也问："闻斯行诸。"子曰："闻斯行之。"

学生各有不同的兴趣爱好，所谓"知者乐水，仁者乐山；知者动，仁者静"（《论语·雍也》）。弟子中，颜回好仁，子路好勇，子贡好商，冉求好政。孔子根据其不同的兴趣爱好分别设立德行、言语、政事、文学四科，使其特长都得到充分发挥。正如朱熹所言："孔子教人，各因其材。"

我们的当代人民教育家于漪先生也是因材施教的典范。

于老师教过的一个班级里，有四个口吃的孩子。于老师作为语文老师，不仅要教他们书面表达，还要求他们的口头表达也要好。于老师发现，其中一位学生是生理上有点小毛病。于老师联系他母亲，说孩子舌头下的一根筋是不是短了点，应该带他去医院看看。这位家长很配合，带去一看，真是短了一点，做了小手术。于老师再训练他讲话，训练时间长了就很流利了。大学毕业后，这位同学有一次寄了本杂志给于老师，上面有他发表的文章，说他在广州做外贸，做出了点成绩。

上面这位学生是生理上的原因，另一位则是习惯影响，学人家口吃学坏了。于老师于是跟他说，你慢慢地，一个字一个字讲。

第三位是家庭影响，妈妈跟十几岁的儿子讲话，跟与幼儿讲话一样，不成句子。因此，孩子讲话乱七八糟，只有词和词组，没有完整的句子。于老师认为，学生说话的潜能，是被什么东西遮蔽了，要帮助他去掉这些遮蔽。

第四位又不一样，是一位女孩子，课堂上于老师说某某同学讲的什么，请你复述一遍，她总讲不出来，结结巴巴。有次下课见她跟同学跳橡皮筋时，说话却很流利。于老师发现了，她原来是思维跟不上口头表达。因此，于老师的解决方法是，抓思维训练，促口头表达。这位同学每天来上学要走20分钟到25分钟，于老师给她布置了一个非书面的作业。于老师说你每天上学的路上，看到对面有什么人，马上脑子里就要出现这是个什么人，比如，是大人还是小孩，是母亲牵着孩子在走路，低下头在讲什么话。半年下来，孩子的思维上来了，反应快了，还参加了全国作文比赛，得了三等奖。

教育不是把学生培养成工具，而是要让人成为人。教育也不是让学生成为别人，而是成为他自己。教育应该让每一个人找到自我，让每一个人都幸福快乐地生活。因材施教，根据学生特点和实际情况，给孩子提供合适的教育和发展的平台，因势利导，孩子就会成为他最好的自己，孩子就会有价值有尊严地成长。

# 真实的爱

人是有心灵感应的，你对他人的好与坏，即使不用语言表达，别人都能感觉得到。你对学生是否付出真心和爱，学生也能感受到。

爱是教育的灵魂，没有爱就没有教育，爱孩子要真实。

对孩子真实的爱就是一种内心充满喜悦的爱，孩子内心也能感受到的一种美好和愉悦。真实的爱不是当面一套背后一套，真实的爱源自内心深处，不是一种做作，不是视而不见。

每个孩子的性格表现是不一样的，我们不能把那些所谓的听话、成绩好的孩子当作我们的孩子，那些学习弱、调皮或者不太听话的孩子就不当成我们的孩子。

王老师面对心理产生问题的女孩，利用课余时间在走廊里，耐心细致地与这个孩子交流，这让我非常感动。这个心理有问题的女孩有自残行为，她的胳膊上有着一道道的疤痕，很显然，这个女孩走不出自我，在走不出自我的痛苦情绪中，她选择了自虐，看到她的一道道伤痕，我们一阵阵心痛。我想，这一切王老师都是看在眼里痛在心上的，所以就有了王老师跟女孩一次次的谈心，她没有放弃这个女孩，她想帮助这个女孩走出闭塞的世界，让爱融化坚冰。有一天，其他老师将王老师跟女孩在走廊里谈完话拥抱的照片发到了学校工作群里，很显然，这个女孩感受到了王老师妈妈般的爱，这个女孩变得平和阳光，中考的时候，顺利地考上普高。

得不到爱的孩子内心是痛苦的，他的身体是挣扎的，反抗的。

有个老师认为某个孩子的母亲素质低，曾经因为孩子的事情让老师丢了脸，这个老师就冷漠地对待这个孩子，所谓冷漠就是漠视不管，表现好不表扬，表现不好不批评，让这个孩子自生自灭，这孩子痛苦万分，她甚至不想上学。这个孩子学习原本很优秀，是班里的学习委员，在疫情期间，因为有些小问题，这个老师就让另一个孩子也担任学习委员。这个老师跟另一个孩子说："我发现你晚了，你很优秀，你可以PK掉你的前任。"结果，受到鼓励的孩子把老师跟他对话的截图发给了被冷落的孩子，这个被冷落的孩子感觉被欺骗，被伤害，从此，她跟老师结下怨恨的种子，不再信任老师。后面又接连发生了许多事情，这个孩子都觉得老师在针对她，针对她的母亲，她对这个老师由原来的爱变成了恨。在这个孩子被其他孩子欺负的时候，老师也没有做出公正的处理，老师的做法对这个孩子的伤害很大，这直接导致了这个孩子不想上学。

学校不想让这个孩子受伤，分管校长和主任马上跟进处理，这个孩子又回到了学校上课，可这个老师竟然不知道自己错在哪里，还认为是学校做错了，学校应该对学生的不上学进行处分。作为校长，我给这位老师指出了问题所在——对学生缺乏真实的爱，我给她列举了她的种种不合适的做法，最后这个老师痛哭流涕，我想她定然知道自己错了。为了妥善地解决这件事，我们还会安排家长、老师、孩子进行一次对话，通过对话修复他们的内心伤痕。

一位老师是否能赢得人心在于他的学识魅力和人格魅力，人格魅力的表现之一是对学生有发自内心的真爱，真爱才能引领每个生命健康成长。

# 追求的心

在菏泽成武县讲课前翻看自己的微信朋友圈，朋友的一则微信触动了我的心灵：如果一个人对美和向往没有追求，就说明这个人老了，无关年龄。

从另一个角度讲如果一个人不断追求美和自己的向往，那么这个人就是年轻的，无关年龄。

美有内在和外在，我想真正能撼动人心的是内在的美，像品格、修养、智慧等。

自己的向往就是自己的梦想，自己想达到的目标，有了对美和向往的追求就可以永葆年轻。

我们青岛来的老师给成武县的老师进行授课，三伏天的成武县实验中学的会场，座无虚席，这里的条件确实有点差，没有空调，LED屏幕不好用，要想在这个四五百人的场地授课真的需要点"功夫"。

四十二中的孙校长是教学副校长，在学校师资缺乏的情况下他还担任了初三的语文老师，他一方面进行教学管理，一方面进行班级的语文教学，任何一件工作都是非常辛苦的。为了便于工作，孙校长将他的办公室安置在孩子们的教室对面，这样他可以抬腿见到学生，学生也可以抬腿见到他。一年来，每个学生的作文孙校长就改了二十多篇，孙校长还每天给学生进行基础知识的过关，一番努力，孙校长取得了斐然的成绩，全校的语文最高分在他的班里，优秀率近百分之五十。教学研究上，他带领老师们进行的"好课堂"教学法也卓有成效。

因为心里想着孩子们的美好未来，每天默默的付出都是扎扎实实的沉淀，这种沉淀会转化为孙校长坚毅的人格，这种奋斗成为他引领孩子生长的智慧。

在成武县教师培训的舞台上，孙校长把他一年来的教学心得和管理心得系统、熟练地一一道来，他讲得酣畅淋漓，在他转身的刹那，我发现汗水湿透了他的衬衣，这汗水是他付出的见证。

课下，一位姓田的年轻男教师围着孙校长询问如何进行小组教学，孙校长告诉他分组是关键，他把自己的经验告诉了这个年轻人。我想，这个老师的收获是巨大的。在我分享完之后，这个年轻人也追问我："如何获得自信？"我告诉他："经历是一种自信，让孩子勇敢地参与，成功了，可以增加横向的自信，失败了，积淀了坚强的人格和前进的教训，所谓失败，只是成功的准备，所以，要想自信就要勇敢地经历。"小伙子若有所悟，他在思考，他在研究，他在奋斗，他在追求。

但也有大煞风景的人。

有一位老教师，穿着旗袍，看起来五十多岁了，她在孙校长讲课的时候就闭着眼睛睡觉，她睡得很优雅，还跷着二郎腿，激情的讲座唤不醒她。在我分享的时候，她依然在睡觉，我试图调大我的声音，用有趣的讲课方式去唤醒她，她依然故我，我知道，这个教师是真的老了，因为她不再学习了，她没有追求了。

还有一位年轻的女教师，在孙校长讲课的时候，她就在看手机，不停地摆弄，不断晃动她的秀发，头都没有抬起过，眼睛自始至终没有离开手机的屏幕，后来竟然趴下了。对这个年轻的女教师，我顿然觉得她面目可憎，她虽然年轻，可她的心已经苍老得没有一点生机了，因为她失去了学习的能力，丢掉了追求。

什么是美？什么是年轻？

答案非常明确：有追求的心。

有了追求的心，那执着的眼神，那奋斗的姿态，都闪烁着青春的光彩，都让人感动不已。

# 老师好，好在哪里？

## ——观《老师好》有感

百年大计，教育为本，教育大计，教师为本。电影《老师好》是一部怀旧青春片，由于谦饰演班主任老师苗宛秋。该片以班主任老师为主角，从意气风发演到耄耋之年，电影令人潸然泪下。老师好，好在哪里？

### 一、老师，是给你挑刺、剪掉多余树枝的人

苗老师的第一堂课，就把孩子们震住了。

"你这是烫头了？来，我给你钱，今晚回家就给我扯直了。"

"你给我站住，迟到给我到门口喊报告去。没叫你进来就一直喊！"

古板的苗老师在学生面前霸气立威：这个班上的规矩姓苗！

老师以他过来人的经历，以他教师的职责，霸气地给学生梳理问题，剔除不良现象。

### 二、老师，引领你为荣誉、为前途、为自尊不断奋斗

苗老师在1965年考上北京大学中文系，当他拿到录取通知书的时候，他却因为家庭成分不好没有去成北大而上了师范，从此他当上了一名老师。当老师就当优秀教师，他是区里优秀教师，家里有许多奖杯、奖状，他不断地用手帕擦拭奖杯上的灰尘，可见，荣誉在苗老师的心里有多重。电影一开头，在20世纪80年代，苗老师推着一辆大家都羡慕的"大金鹿"

自行车，骄傲地走过人群，大家向他打招呼，都是满满的尊敬。这辆自行车是作为优秀教师的奖品，区里奖给他的。

苗老师带的班级各项比赛没有第二只有第一，在合唱比赛的时候，指挥邱婷婷抹了红指甲被扣掉了一分，让班级得了第二名，这让苗老师很愤怒，为此，他向大家讲明了荣誉的重要性。在高三高考前夕，邱婷婷组织同学偷偷练习健美操参加艺术节比赛，终于拿回了班里的第一名。

在高考前夕，苗老师和许多老师一样在班里进行高考倒计时，为了全面冲刺，他停了许多让学生们放松的项目，以便让大家将全部时间用在学习上，他用自己的工资给孩子们买巧克力，给孩子们加能量。当孩子们知道他的自行车丢了的时候，每天晚自习在他不在的时候都拿着手电筒去给老师找自行车。当孩子们找到自行车兴高采烈送还给苗老师的时候，得到的却是苗老师劈头盖脸的批评，他认为大家这是在浪费宝贵的时间，自行车丢了可以再买，时间没有了，前途没有了，是买不到的！

苗老师有个梦，想上北大的梦，他没有实现，他把自己的期望给了自己的学生。当班长安静面对保送还是自己去考录的时候，他鼓励安静去考北大，他亲自给学生从上海买了复习资料，还把他当年的北大的录取通知书拿给学生安静看，以此鼓励她去实现自己的梦想。后来安静因为苗老师受到不公正待遇骑着自行车去找县长讨说法，结果在回来的路上遭遇车祸，错过了高考，这让苗老师无比自责，他感到自己毁掉了学生的梦，他不能原谅自己，在同学们高考完毕后，没有和同学们照毕业照就辞职离开回到了家乡。

苗老师用自己的行动告诉孩子们什么是灵魂的高贵。

### 三、老师，帮你认识什么是人性

老师用行动告诉你，他不会放弃你。当你有难的时候，老师会与你一起承担。

洛小乙是家庭教育缺失、在街头混日子的学生，刚入学就给了苗老师一个下马威，带着一把斧头上学。苗老师不为所动，没收了他的斧头，让他在外面喊了一天的报告。洛小乙的爷爷身体出问题的时候，苗老师二话没说，骑上"大金鹿"带着洛小乙冲向医院，直到小乙爷爷没事的时候才离开。当小乙自暴自弃在街头混日子的时候，苗老师这个书生无畏地站在一群混混面前带走自己的学生。

学生李昊在外面卖东西跟人抢地盘打架被抓到派出所，苗老师利用小舅子是派出所警察的关系，将学生领出来，还逼着小舅子将学生的物品归还。他请孩子吃拉面，当他知道李昊卖东西是因为脑子长瘤，要动手术钱不够的时候，他流下了热泪，临走时又给学生点了一碗拉面。在李昊动手术的时候，苗老师带领同学们给李昊捐款，为捐款班里的两名男生还卖掉了辛苦用钱换来的双卡录音机，苗老师也捐掉了自己一个月的工资，班里涌动着爱与温暖。

当苗老师看到有些学生没有钱补课的时候，他自己免费给即将高考的孩子们补课。这让某些补课收费的老师没有了生意，竟然告到教育局说苗老师有偿家教，苗老师被停课，但苗老师以一个教师的自尊和良心不去解释，他相信清者自清。

苗老师以自己的行动告诉我们什么是人性的伟大。

"人生是一次次幸福的相聚，夹杂着一次次伤感的离别；我不是在最好的时光遇见了你们，而是遇见你们是我最好的时光。"开场、结尾两次出现的这段文艺范儿十足的"金句"，首尾呼应，也深化了本片的主题。好老师是我们一生的幸运，好老师是一个学校的骄傲，好老师是国家的荣耀。

# 老师的善良

要说善良，我觉得我们的老师是最善良的人。什么是善良？为他人着想。校园里的几件小事让我们感受到老师的善良与爱。

现在是寒冬时节，气温在零下，通往操场路上的一摊水结了冰，远远望去，那冰反着白光。正在我考虑该怎么办的时候，我看到化学李老师从花丛里用手捧着土出来了，他把土撒在这些冰上，认真地用脚将土覆盖均匀，一切妥当后，他又远远地看了看，觉得没有问题之后，离开了。看到这，我内心一阵温暖，没有谁要求李老师这么做，但他想到了冰滑，怕学生摔倒，所以主动做了。

初三的一个同学下楼的时候不小心扭了脚，初三英语姜老师无须学校安排，就主动承担起用车送孩子回家的任务。每天姜老师主动将车开到教学楼前，她一边扶着孩子，一边微笑着安慰孩子，别着急，慢慢来，一定要小心，在老师的关怀下，那孩子的脸上看不到扭伤的疼痛，反而洋溢着满脸的幸福。

马同学父母离婚，她来到我们四中后，因为家庭以及之前学校的不良影响，孩子很受伤，缺乏自信，面对困难总是想着退缩。单亲的母亲既要教育孩子还要挣钱谋生，马同学的妈妈经常出差，每次出差，马同学就不上学了，在期中考试之前，这个孩子已经有两个周不上学了，班主任姜老师处理好手头的活，到这个孩子家里做工作，从上午一直谈到下午，终于把这个孩子说通了。为了家访成功，姜老师想了很多方案，用到最后一个方案的时候，孩子终于说通了，姜老师后来很骄傲地告诉我她的方案："你不上学，校长就要扣我工资，那我就没法生活了，没办法，只要你不上学，我只有到你家里来上班，让你妈妈给我发钱。"听到这里，这个马同学急了，她也觉得自己家庭不富裕，不能因为自己再让妈妈承担责任，于是就乖乖地跟着老师来上学了。

宋同学是家里的小女儿，父母都没有文化，对孩子比较溺爱。宋同学因为成绩优秀进入了创新班，进入创新班是很多同学的梦想，但宋同学不愿意承受太多的压力反而执意要回到原来的班级，学校是不愿意让她知难而退的，她就逼母亲到学校里闹腾，最后学校没办法让她回到原来的班级。可回来之后她感到班级里的同学和老师都对她有看法，她心里不爽，就不上学了。班主任柳老师看在眼里急在心里，上完课后，急匆匆地跑去家访，她看到宋同学家里的生活状况，理解了孩子父母的不易，在柳老师的劝说下，宋同学跟着老师回到了学校。

这就是我们的老师，一切为了学生的老师，为了学生一切的老师，这就是老师的善良。

# 老师的理念关乎着学生的幸福

家庭和学校都想让孩子健康、快乐、幸福地成长，要达到这个目的，老师的引领、教育至关重要。

中秋节我回老家过节，一个熟悉的声音祝我"节日快乐"，我一看原来是修同学的妈妈。修同学是之前我所在中学的学生，这个孩子非常优秀，是师范附小的大队长，能力突出，修养极好，我在没有离开那所中学的时候，这个孩子各方面都表现得很优秀。

刚问完好，就感觉修同学妈妈的声音变得低沉，她告诉我，现在孩子出现了严重的心理问题，孩子不想上学。

原因是初二的时候，孩子的班主任只注重同学之间的竞争，不注重同学之间的合作，班级氛围非常紧张，孩子们感受不到这个班级的温暖，有一个非常优秀的孩子已经从这个班级转走。后来学校发现了这个班主任的做法太恶劣，就取消了这个老师当班主任的资格，学校的做法让"保皇派"很生气，他们认为是"造反派"搞鬼导致这名老师不能当班主任，这些孩子在班里号啕大哭，这更加加深了"两派"之间的矛盾。这名老师虽然不当这个班的班主任但是还教这个班的数学课，结果可想而知，这个老师与所谓的"保皇派"，沆瀣一气，为他们提供各种方便。而对于"造反派"，这个老师对他们不管不问，从心理和行动上都冷落他们。

这个老师的管理和引领导致课堂很对立，孩子们的学习受到严重影响，他们班级的成绩从全校第一名跌落到倒数，学校一看没办法了，在初三调整老师的时候将这名老师调走了。这下更加激化了"保皇派"和"造反派"的矛盾，"保皇派"的同学因为前面有老师撑腰，非常张狂，他们发动了对"造反派"的各种报复：从网络上攻击，给这些孩子造谣生事；在同学间搞离间，孤立这些同学；在行动上进行打击，趁他们看不见的时候，扔掉同学的书包，弄坏他们的笔。总之，"造反派"的同学痛不欲生，他们的精神被严重摧毁。其中，修同学的精神变得抑郁不堪，她没法面对同学，没法面对这个班级，她不得不离开了班级，离开了校园。

还有什么比孩子的健康，比孩子的未来更重要，这个孩子的精神受到严重打击，她甚至对生命失去了希望。

当我再见到这个孩子的时候，她入校时的活泼可爱已经看不到了，她沉默着，眼里含着泪珠。

幸好，孩子的父母是素质很高的家长，家庭条件很好，我们一起商定让孩子走出国之路，给孩子换个环境。这个孩子看到未来的展现内心很愉悦，我告诉这个孩子一定要有一颗感恩的心，感谢这些老师和孩子让我们的内心变得坚强，有了感谢内心就会变得安宁，内心安定就会幸福。

在很大程度上，老师决定着学生的未来，我们的教育教学行为决定了孩子当下和未来是否幸福，我们责任重大。

作为校长，我应该引领好老师的教育观、价值观，老师的教育观和价值观好了，学生当下和未来的幸福才有保证。

# 没有尊重就没有教育

许多教育家都说"没有爱就没有教育"，在我看来尊重比爱还重要，没有尊重根本谈不上教育。

教育的艺术不在于传授的本领，而在于激励、唤醒和鼓舞。

教育是一棵树推动一棵树，是一朵云推动另一朵云，是一个灵魂唤醒另一个灵魂。

从这个角度上讲教育就是对话，是心灵的对话，因为心灵的对话发生作用，学生的心灵就会发生转向，转向真善美。

只有尊重才能平等对话。居高临下、颐指气使、咄咄逼人是不平等的，不平等就是不尊重，没有平等就没有对话，就不会产生正向的心灵的影响，在这种情况下教育就不会发生作用。

只有尊重才能包容。每个人都是不同的个体，人都有自己的优点和不足，我们不能要求每个人都一样，有了包容我们才能控制我们对话的情绪。作为老师，面对学生的错误和缺点，我们要学会等待，用适合的方式去引领，包容不等于不管，包容不等于放弃。

只有尊重，我们才会因材施教。我们会根据学生的特点、需求去创设适合每个孩子的教育。我们会给不同的孩子提供不同的发展平台，让孩子根据自己的兴趣进行选择，这样才会更好地激发学生的内驱力。

作为老师，我们应该尊重什么？

我们要尊重学生的人格，要保护好每个孩子的自尊，做人有自尊才会有进取心，拥有自己的方向后，懂得自己所做的不能出格，拥有自尊心的人，时刻都不会忘记为生活而奋斗。自尊心是人性的顶峰，激发学生的自尊心是教育工作的头一条金科玉律。只要教师尊重学生，相信学生，热爱学生，激发学生的自尊心，学生就会增强信心，向着好学生的方向努力，最终就一定能成为一个好学生；相反，老师如果伤害了学生的人格，伤害了学生的自尊，就让孩子失去了奋斗的信心，导致学生破罐子破摔。

我们要尊重学生的兴趣、特长和梦想。兴趣是最好的老师，一个人喜欢什么，他的长处就会是什么。只要兴趣是无害于自己、他人、社会，这个兴趣就无所谓高低之分，优劣之别，在最好的方面做好的自己，这是我们所倡导的。

我们要尊重每个学生的成长。每个学生在其成长过程中的表现都是不一样的，成长的优势表现也是不一样的，人无全才，人人有才，人尽其才，我们作为老师要善于发现学生的潜能，善于激发每个学生的潜能。我们还要帮助孩子寻找自己，让孩子找到自己努力的方向，多给孩子提供体验的平台，让孩子去经历、去感受、去选择，当孩子认识到自己是谁，自己要到哪里去，这个孩子就是幸福的。我们要给孩子多元评价，让孩子在适合自己发展的舞台上得到应有的评价，让孩子获得自信，这样孩子才能找到归属感、存在感。我们要看到孩子的成长，哪怕是一点点，我们都要积极肯定，我们尊重了孩子的成长，孩子就会激发更大的上进心，就会付出更多的努力，就会让人生更出彩。

根据马斯洛需要层次理论，"尊重"是每个人解决了生存需要、安全需要、爱与归属后，内心渴望的，较高层次的需要，有了尊重就有了生命的神圣。

尊重是爱的前提，尊重是教育的前提，有了尊重，爱和教育才有可能发生。

# 老师的毛笔字

　　早自习，我巡视到七年级三班，孩子们安安静静地学习，我的目光触到墙面的那一刻，心头为之一振，醒目的毛笔字一下子撞入我的眼帘：毛笔字很大，每个字长、宽都有20厘米左右，字迹工整有力，一笔一画流畅有神。内容是学贵有疑、独立思考、求真务实、分享合作。

　　写这些字用意何在？我看了一下后黑板，原来这些字是班训。

　　这个班级倡导独立思考、批判质疑的精神，在追求真实的同时又让同学们团结合作、分享自我。这种班训我感觉很有味道：我思故我在，人因为能思考才有了真实的存在，"独立之精神，自由之思想"，人是独立的个体，因为人有独立的精神，所以不盲从，人在批判质疑中让思想更加独立。"千教万教教人求真，千学万学学做真人"，求真务实是我们做人做事的根本。分享合作是我们做事的方式，这是一种开放的胸怀，正因为有了这种兼容并包，我们才能博采众家之长，才能海纳百川。

　　这是找哪位书法家写的呢？我把这些班训发到了我们工作的微信群里。

　　过了一会儿，教导主任在群里发微信回我：这些毛笔字是班主任徐老师自己写的。

　　好有才！我赞叹。

　　课间操时，徐老师正站在学生队伍前面，我找到她，对她说："徐老师，你的字写得真好！"

　　突然间，我看到徐老师的眼眶湿润了。可以看出，徐老师做这件事是用心思考了，努力去做了。

她说："自己写省钱，作为班主任自己亲笔写下班训是一种承诺，是一种力量的凝聚，是一种方向的引领。"

我非常认可她的做法，省钱是一方面，最重要的是，这是我们班主任自己写的，或许也能找到名家来写，但感觉是不一样的。班主任亲笔给同学们写班训，这是同学们内心的告白，是内心的宣言，这是老师对同学们的期许，也是班级前进的方向。

除了班训的内容可以引领学生外，老师的实际行动也是对学生最好的引领。

学高为师，身正为范。

老师认真扎实的书写、一丝不苟的态度对学生写字做人是一种行动的引领。现在的孩子书写越来越差，徐老师以实际行动告诉孩子们：写好中国字，做好中国人，工工整整写字，堂堂正正做人。

# 永不放弃

对美好的追求、向往，我们永不放弃。

学校去年移植了一棵二十多年的柿子树，去年春天没有发芽，夏天也没有发芽，我们对这棵柿子树充满了期许，希望它能发芽。但当几乎所有人都要放弃它的时候，它竟然在立秋过后发芽了，给了大家无限的惊喜。当我们快要放弃柿子树的时候，柿子树没有放弃自己，它创造了秋天发芽的奇迹，我们不知道这棵柿子树经历了怎样的困难，经历了多少与死神的搏斗，但它终于挺过来了，在冬天来临之前，战胜了死亡。

看着柿子树新发出的绿叶，我的脑海里闪过了许多画面。

一幅画面是张校长在办公室里给小陶同学辅导数学。

张校长坐在沙发上，小陶同学认真地听张校长讲解。小陶同学数学偏弱，最少的时候考到十几分，可是她有梦想，所以她学习很刻苦，主动找张校长给她辅导数学。每天中午和课余时间她都会见缝插针地找张校长学习，她的数学成绩从十几分考到二十、三十、四十、五十、六十，中考的时候考到了六十多分，尽管提分之路很艰难，但她咬牙坚持，成绩不断提高。一次我们和张校长一起值班，放学了，小陶拿着一个塑料袋，袋里有一包奶、一个面包和一个鸡蛋，她非要张校长收下，张校长不收她就不走，她觉得自己回家了，张校长还要留下继续工作，就把父母给自己的加餐给了张校长。张校长很感动，说这个孩子很懂得感恩，一次考试完了，看见自己成绩进步了，小陶同学找张校长表示感谢，说她一辈子忘不了张校长。

小陶同学没有放弃对目标的追求，而张校长没有放弃对她的辅导，小陶同学如愿上了普高。

一幅画面是琛琛老师腿骨折了依然坚持上课。

琛琛老师不小心骨折了，但她带的班级马上要进行地理、生物的小中考，大家都清楚，学生的小中考如果达不到C，就不能参加自招，这会影响学生的中考。医生让琛琛老师在家休息，可是她放心不下学生，小腿用夹板固定，打了绷带，拄着双拐，从一楼爬到三楼给学生上课。上课的时候，琛琛老师左手拄着拐，骨折的右腿放在板凳上，用手拿着粉笔给学生讲题，这一幕印在无数老师、孩子的脑海里。

一天课下来，琛琛的脚都是肿的，她放弃了休养，但不放弃给学生上课辅导。

一幅画面是小任同学和母亲中考结束后到学校给领导老师献花。

小任同学三年来没说过几句话，不管领导怎么问候她，同学怎么跟她打招呼，她一概不回应。

两年前，我刚到四中，小任同学刚上初二。当我在走廊里巡视的时候，小任同学怎么也不进教室，两个女同学连拖带拽地把她向教室里拉，我当时不知道怎么回事，赶紧上前制止。同学们告诉我了小任同学的情况，原来是上了新的年级，换了新的教室，小任同学感到陌生，她不想去陌生的教室。小任同学的班主任和同学从没有看不起她，从没有欺负她，她的同学每天都帮着她梳理头发，帮她系发带，小任同学虽然不怎么表达，但我们能看到她的感激。老师还让小任同学当自己的助手，小任同学每天帮助老师分发作业，她在学校里、班级里很快乐。

两年后毕业了，小任同学的病情得到好转，考上了理想的学校。学校、老师、同学对小任同学不放弃的爱让小任同学和她的母亲非常感动，小任同学的母亲带着孩子给领导和老师献上鲜花，表达自己的感激。

永不放弃，是因为我们对学生的爱！

因为我们不放弃，我们刚毕业的这届学生的中考成绩远远高于他们入学的成绩。更重要的是，因为学校老师不放弃每个孩子，每个孩子就都能健康成长，都得到了不同程度的提高。

# 专注成就事业

个人成功的秘诀是什么？这恐怕是大家一直在寻找的，因为没有谁不想成功，没有谁不想建立一番事业。成功的秘诀其实很简单，那就是专注。

什么是专注？专注就是坚持地做一件事，努力不停地去做一件事。可是，许多人因为缺乏坚持而导致了自己的失败。

今天我在菏泽成武县与我的兄长——青岛42中的孙校长一起给成武县的老师做培训。

孙校长是教学副校长同时兼任初三语文教师。在刚刚结束的中考中，他的班级41个学生竟然有17名同学的语文成绩达到96分，还有一个同学竟然考到110分以上，这简直是奇迹。

在一年之内，他中途接班，是如何得到这么好的成绩？答案是专注于训练学生。

为了训练学生的基础知识，他每天下午都雷打不动地给学生进行背诵默写的训练，每次默写完毕他都要全部进行批阅，批阅完毕发到家长群。他的雷厉风行让孩子和家长都不敢怠慢，这让每个孩子都打下很好的基础，一年下来，孩子的基础知识基本不丢分。

语文满分120分，最重要的是阅读和写作，如何突破阅读和写作呢？孙校长的做法就是通过写作来训练阅读。

孙校长每次给学生们布置题目，学生写完后，他要对每个学生的写作进行修改。文章修改后，他就让学生们进行整改，进行二次作文，这样每个作文题目其实是写了两遍，一遍是自己写的，一遍是经过修改指导后再写的，这样学生就有了对比提升。为了调动孩子们的写作兴趣，孙校长还经常写下水作文，他的下水作文都来源于生活，这给孩子们指明了写作方向，从生活中提取写作素材，通过写作来表现生活，升华生活，孩子们觉得写作就不那么难了。

青春与成长是每个孩子都要面临的话题，孙校长的儿子考入中国政法大学，进入大学的儿子突然找不到方向，要知道，读法律是儿子的梦想啊，现在却突然失去了动力，该如何引领？当冬日的暖阳透过窗户照进孙校长桌子上乱七八糟的作业本上时，他突发奇想，快速用手机拍了一张桌子上乱七八糟的作业本，将这个照片发给儿子；然后，他又快速将乱七八糟的作业本整理清楚，又将这个照片发给儿子，这时的阳光洒向整齐的作业本，温暖、明亮。儿子给孙校长点赞，孙校长知道儿子已经悟到了一些东西，人生的徘徊杂乱是暂时的，最重要的是你要快速去整理，当你整理之后，心就静了，方向就明确了，这时的阳光就格外温暖。孙校长将这篇"冬日暖阳"写完后快速发给每个学生，每个学生都很感动，他们似乎看到了自己的迷茫在经过梳理沉淀后，又找到了自己的方向。

从过年到中考，孙校长给每个学生都批阅修改了20篇不同题材的作文，孩子们爱上了写作。这次中考的作文题目"亲情""青春与成长"，都是孙校长平时带领学生练习过了的，所以当中考语文考试结束后，每个孩子都感激而自信地拥抱了孙校长。因为专注于训练，所以，每个孩子都得到了理想的成绩。

班里那个得110分以上成绩的同学，起初她的成绩从刚刚优秀到过100分，再到第一次模拟的107分，到第二次模拟的109分，再到中考的111分，这个同学分数提高的过程就是不断积累的过程。她曾经很长一段时间分数在96分左右，孙校长不断鼓励她，训练她，量变终于产生质变，达到了让大家羡慕的成绩。因为专注，不断地精进，这个孩子的成绩不断提升。

通过孙校长对自己学生语文的训练，我们深深感到，一个人的成功是专注的成功，是积累的成功。

# 精神状态决定了成败

当今，尽管高技术武器装备对战争双方将产生巨大影响，但人依然是战争胜负的最终决定因素。

打赢战争靠的是精神，哪一件事情的成功靠的不是精神呢？

精神状态不同，带来的结果就完全不同。

为了美观，为了整齐，初三跑步进行蛇形跑，排头都让女生举着旗跑，男生跟在后面。A层的小周同学找到班主任张老师说："张老师，女同学举着旗在前面跑固然美观，但我们男生的速度受到压制，这样下去不利于我们锻炼身体，老师，我们能不能分两队跑，男生一队，女生一队？"小周同学的话让张老师一阵惊喜，说明我们的学生是从实际出发，主动进取的，张老师就同意了小周同学的建议，跑步时，分男女生两队进行。跑完步后，张老师问大汗淋漓的男生："你们比女生多跑了这么多圈，累不累，你们后不后悔？"这些男生开心地笑着说："张老师我们跑得真过瘾，我们感觉内心的压抑都释放出来了，真爽。"

有了这样的精神状态何愁中考不成功？

教历史的张老师在巡视的时候发现初三B层的某同学在抄作业，张老师去制止该同学的行为，但想不到的事情发生了，该同学既不承认自己错了也不赶紧停下抄袭，他什么也不说，把衣服上的帽子一下子扣在头上，然后趴在桌子上。

某同学的这种行为让人很是气愤，他用行为告诉老师：你管我，不让我抄，我就什么也不学了。

　　这种做法反映了他的内心是消极的，是放弃的，有了这种精神状态，该同学的中考怎么能成功？我们需要做的是赶紧调节这个孩子的精神状态，让他的精神正向起来。

　　浇花浇根，育人育心。育心就是要培养孩子具备良好的精神状态，有了良好的精神状态，孩子所有的行为都是正向的，都是积极的，孩子的成绩和成长都会水到渠成。我们坚信：一个精神灿烂的人，可以活成一座花园；一个精神灿烂的群体，可以活成一种传奇！

# 机会是自己争取的

勇敢者争取机会，怯懦者丢失机会。

今天是开学第一天，整个校园各种活动有序开展，我习惯性地巡视着校园。

在巡视到学校大门口的时候，我发现一个女孩身着四中校服坐在藤萝架下，孩子们都去上课了，这个女孩怎么不上课？我就去问这个女孩原因。一见到我，她很有礼貌地向我问好，我问她怎么不去教室上课，她告诉我，上一学期她因为自己厌学，父母就创造条件送她到济南的一个传统文化学校上课，在那里，她明白了许多做人的道理，知道了学习的重要性。因为家隔着四中远，家人办理转学的事情没有办好，自己不想在家里耽误功课，就到学校来了。听了她的解释，我大体明白了，我又问她："你准备考什么学校？""我要考青岛2中或58中"她自豪地说。"以你的成绩你觉得能考上吗？"我追问她。"只要我有了目标，不断努力，我认为我能成功！"她坚定地说。我问了她的名字，又对她说："如果你妈妈找学校相关领导协调不好就到校长室找我。"

接近中午我正在办公室里，这名女孩和她的妈妈来到了我的办公室，妈妈显然很着急，她不停地给我解释目前孩子转学的事情被别人给骗了，现在市南的学校没有给办好，也不知道什么时候能办好，所以还是希望在四中继续学习。她不断地说孩子已经变好了，孩子想努力学习了，希望给孩子一个机会。

我看着这个女孩说："李同学已经向我争取了机会，她告诉了我她的梦想，告诉了我她的决心，她的梦想和决心感动了我，我已经答应了给她这个机会。"

李同学的母亲掉下了眼泪，她带着孩子给我鞠躬。

本学期我开始给学生上传统文化这门课，上课之前，我让同学们自荐课代表，我对课代表的要求是没有在班里担任其他职务，想成为老师的助手，成为同学们学习的引领者。

我能看出许多同学内心里跃跃欲试，我也能看到许多同学不断旋转身体看有没有人举手。

我鼓励同学们："要追随自己的内心，不要去管别人，不要怯懦，只要自己想做就勇敢地举手。"

有两个同学举起了手，我马上任命这两个同学为课代表，我能看到，有好几个同学因为自己丧失了的机会而难过。

我接着教育同学们："机会摆在面前，不要徘徊，不要犹豫，只要你想，就勇敢地去抓住它，不要总是因为丢掉了机会而懊悔不已。"

勇气是我们面对困难的斗志和信心，只有有了"明知山有虎，偏向虎山行"的斗志，我们才能打败"老虎"；有了"狭路相逢勇者胜"的斗志，我们才能去战胜对手。

学校是社会的一部分，我们的学生是社会的未来公民，我们作为教育者要从现在就去培养学生"勇者不惧"的精神，让学生勇敢地面对生活的各项挑战，勇敢地争取各种机会。

# 挑战自己

　　漫漫人生路上，我们要不断设定一个目标挑战一下自己，这目标可以是短期目标，也可以是长期目标。

　　挑战会让机体处在一个战斗状态，在战斗中每个细胞都是活的，人就会充满活力，生命就会处在不断成长的状态。

　　我的目标是当一个教育家，创设适合每个孩子的教育，让每个学生都精彩。

　　教育家是引领学生生命和灵魂成长的人，要想引领他人，我们必须不断学习思考实践，不断提升自我。

　　如何学习？

　　我规定自己每年至少读10本教育专著，10本人文专著，从专业上充实自己。

　　每年至少两次外出考察，学习思考他人的教育教学经验。

　　如何思考？

　　每天一篇教育教学生活思考文章，每周一篇思考会客室的文章发表，每年两篇论文发表。

　　如何实践？

　　每天到教室巡视两次，观察每个教师、每个学生的课堂状态，每周至少听课五节，至少与两个老师谈心交流，每年尝试研究推广至少一种教育教学模式。

　　我于2018年8月23日调入青岛第四中学，对于这所市北区办学历史最久远的初中学校，我的目标是重振学校辉煌，具体是"学生精彩、教师幸福、家长称赞、社会向往"的初中现代化学校。

一所学校要被人记住就要有独特的魅力。

教学是学校中心，我们要打造"问题探究、互助合作"的课堂，课堂样态是"民主、快乐、互助、高效"，学生是主动学习者，教师是教育自觉者。

德育为首，德育立德树人，要创设适合每个孩子的教育，打造"养成教育""激励教育""自主教育""活动教育"的四中教育。

科研是动力，教师是研究者，教室是研究室，将教学实践与教学研究融为一体，推行"先听后上，即时快评"，在教学中研究，在研究中教学，同时推行访问学者研学行活动，让教师每月外出考察。

要有资源支撑：

1. 学术资源：青岛大学附属实验中学挂牌，依靠大学的教授进行学术支撑、引领。

2. 科研资源：依托青岛教科院，让学校成为教研员的实践基地。

3. 高中资源：高中、职业高中的衔接。

一所学校的发展离不开当地的文化。我会和我的学生走遍西部的每个角落，进行"老街、老建筑、老情怀"的研究。目标的高度决定了将来的成就高度。

有了目标我们的生活才有活力和意义，我们的生命就会灵动丰盈。按时挑战一下自己，我们的生活会有意想不到的惊喜。

# 一次震撼的精神洗礼

我有幸参加"市北教育体育系统党务干部培训班暨党建工作现场会",进行了为期三天的学习,这三天的学习内容丰富,形式多样,在充实之余,精神不断受到洗礼,内心力量满满。

## 一、坚定了理想信念,明确了前进的方向

理论上的成熟是政治上坚定的基础,理论上的与时俱进是行动上锐意进取的前提。

在培训班上,王局长《以主题教育的高质量开展,加快教育高质量发展,助推中心核心区建设》、市委党校敬志伟教授《中国共产党人的初心和使命》、青岛二中李洁书记《构建大党建格局,引领学校高质量的发展》、市委党校王存福教授《不忘初心再出发,牢记使命勇担当》的讲座,似潺潺流水冲击着我们的心灵,让我们不断思考我们的初心和使命是什么?我们教育工作的方向是什么?

教育是"国之大计、党之大计",这两个大计高度概括了教育在新时代的重要地位。教育要培养德智体美劳全面发展的社会主义建设者和接班人,说到底,教育工作者要清楚我们的教育工作要"培养什么人、怎样培养人、为谁培养人"的根本问题。教育兴则国兴,教育强则国强,我们的工作必须以习近平新时代中国特色社会主义思想为指导,坚持把立德树人的成效作为检验学校一切工作的根本标准。

## 二、学习榜样人物的先进事迹，不断汲取前进的力量

崇尚英雄才会产生英雄，争做英雄才能英雄辈出。英雄模范们用行动证明，伟大出自平凡，平凡造就伟大。只要有坚定的理想信念、不懈的奋斗精神，脚踏实地把每件平凡的事做好，一切平凡的人都可以获得不平凡的人生，一切平凡的工作都可以创造不平凡的成就。

我们学习观看了市北教育体育党建宣传片《凝聚》《榜样》，宣传片里展现的先进组织、先进人物是我们市北教育体育系统先进党组织、先进党员人物的缩影，他们以自己的行动默默奉献，感动着我们，带动着我们。英雄来自平凡，因为平凡孕育伟大，我们要学习弘扬他们身上展现的忠诚、执着、朴实的鲜明品格。

## 三、拓展了思路，开阔了视野

青岛长沙路小学党支部以"榜样在身边，我们都是追梦人"为主题开展了一次别开生面的主题党日活动。主题党日由全体党员和部分团员青年参加，通过"回顾、唤醒、温暖、起航"四个板块全面展示了学校党建工作。特别是以艺体党员教师为核心组建了"鸣心人"党员先锋团队，活动现场团队成员通过讲述个人在党旗引领下的成长历程，传递了长沙路党员认真学习锤炼党性，聚成一团火，在各自岗位上兑现承诺积极工作散作满天星的责任担当和教育情怀，给了我们很大的冲击。

青岛第二实验中学党支部以"四有四化四带"党建机制为着力点，过政治生日，唤醒入党初心；党员示范CBD，一站解家忧，给了我们很多启迪。

党建有力量，发展有质量。我们在学习中思路不断开阔，学校党支部要以主题党日为抓手，有效地推动党建品牌的深层次发展、教育教学的高质量发展、社会满意度的大跨步发展。

### 四、抓住机遇，乘势而上

我们要善于抓住"市北区全力打造国际航运贸易金融创新中心核心区"这一历史机遇，内强质量、外树形象，打造航运课程，建设与核心区相匹配的学校，将学校打造成市北区乃至青岛市的"一流学校、活力学校、品牌学校"。

"九层之台，起于累土；千里之行，始于足下。"只要我们不驰于空想、不骛于虚声，一步一个脚印，踏踏实实干好工作，就会让梦想成真，把蓝图变为现实。

# 永葆青春的心

"终于开学了！孩子们回来了！"千呼万唤中，我们的初三学子终于回到校园。

老师们在门口夹道迎接，孩子们回到学校见到老师也是欢愉雀跃，老师与学生，学生与校园相逢的一刹那便胜却人间无数。

青春的你们激活了我们澎湃的心。同学们当你们回到校园的时候，春天已经过去了，夏天已经来临。可老师希望春天在你们的内心永驻。什么是青春？我们该怎样对待自己的青春？

我读过塞缪尔·厄尔曼写的《青春》，它拨动了不少人的心弦，使人如听晨钟，如闻暮鼓，朝夕自警自策。只因为它道出了青春的秘密。

青春是一种心境，青春是一种状态！永葆青春的秘诀是不断接纳美好、希望、欢乐、勇气和力量，才能青春永驻、风华长存。

当我看到同学们那灿烂的笑脸，当我看到同学们那拼搏的身影，当我看到同学们求索的姿态，我就会感受到青春的美好，内心充盈着无比的喜悦。

青春是精力最充沛的时期，是学习力、创造力最活跃的时期，是创业期，我们应用汗水播种伟大的种子，将来在秋天才能收获伟大的果实。

少年易老学难成，一寸光阴不可轻。青春可贵、美丽，但转瞬即逝，一年中四季可以轮回，人一生中青春只有一次，一旦错过将不再拥有。

少年壮志当拿云。少年人应该树立远大志向，年轻时胸有伟业，奋斗不止，青春过后，才有收获的果实。

我希望今天的四中学子，在四中这所办学历史悠久、辉煌的学校，在人生最美丽的时节，厚德载物，厚积薄发，立志求学，奋发有为，用理想、意志和汗水书写自己美丽的青春！

# 不失去追梦的心

"在穿过林间的时候，我觉得麻雀的死亡给我一些启示，我们虽然在尘网中生活，但永远不要失去想飞的心，不要忘记飞翔的姿势。"这是中国台湾知名作家林清玄去世前的一天发的微信，2019年1月23日中国台湾知名作家林清玄去世，享年65岁。

想飞的心是什么？想飞的心是追梦的心。林清玄很小的时候就立下了一个志向：长大要当作家。

有一天，他把这个愿望说给父亲听。话刚说完，父亲便生气地说："你把话再给我说一遍！"孩子只好又重复了刚才说过的话。父亲听了问他作家是做什么的，他说，作家就是将自己写的文章寄出去，然后坐在家里等着给邮钱的人。听完他充满稚气的话语，父亲骂道："你这傻孩子，想什么好事啊！这个世界上哪有这么好的事情，如果有，我就先去做了，还能轮到你。你这种笨头呆脑的样子，净想好事。我保证你这个理想不会实现！"对于父亲的不理解，孩子只好把心中这个愿望压在心底。由于涉猎的书籍多，他的眼界变得越来越宽。随着对外面世界的了解，他渐渐有了一个大胆的想法：长大后一定要去环游世界，饱览各地的大好风光。五年级时，他考试得了第一名，老师把一本世界地图作为奖励送给了他。捧着这份珍贵的奖品他很开心。回到家里帮着母亲烧水，边烧火边捧着那本地图看，当翻到埃及那页的时候，林清玄被埃及神秘的文化深深地吸引住了。这个时候父亲从门外走了进来问他在干什么，他说在看埃及的地图。父亲听了很是恼怒，上前夺过他手中的地图册扔到地上，对着孩子就是一巴掌，骂道："干活要有个干活的样子，看什么地图，赶快烧火。我可以保证，以咱家这样的条件，你这辈子绝对不可能去到埃及那么远的地方，所以我劝你，不要再做那些白日梦了！"

经过20多年的努力，林清玄不仅成了一个知名作家，靠着不菲的稿费收入，过上了中产阶级的生活，还以学者的身份来到了埃及！站在气势宏伟的金字塔下，他的心中生发出许多感慨，童年的记忆再一次浮现在他的脑海里。于是，他买了一张明信片，给父亲写信。他写道："亲爱的爸爸，我现在就坐在埃及金字塔前给你写信，记得小时候你打我一巴掌，保证我不可能到这么远的地方。现在我就在这里写信，我要告诉你，你儿子很争气，童年的两个愿望都实现了，我不但成了作家，还到了埃及！"他一边写一边掉泪。父亲收到这封信的时候刚刚从田地里回来，读了他的信，父亲很是感慨，回去跟妻子说："哎哟，真是想不到，我一巴掌还真将儿子打到埃及去了！"

2013年6月的一场书友会上，林清玄曾告诉新京报记者，自己从8岁便开始写作，在读小学的时候规定自己每天写500字，初中每天1000字，高中每天2000字，大学每天3000字，如今已经写了53年。

你的愿望会决定你的人生。你出生在哪里，你的条件是什么，不重要，重要的是你的内心有没有强大的愿望，支持你走认定的人生之路。

永远不失去追梦的心，不丢掉追梦的行动，生命永远是闪光的。

# 榜样引领成长

榜样给我们方向，榜样引领我们前进。

今年的开学第一课"少年强，中国强"充满了正能量，看得大家热泪盈眶，力量满满，充满向上的激情，充盈成长自我的决心。

节目中，"共和国勋章"获得者钟南山讲述了自己出生、成长，学医从医，抗击非典以及在新冠肺炎疫情发生时奔赴武汉的故事，激励年轻一代热爱生命、敢于担当。"人民英雄"国家荣誉称号获得者张伯礼、张定宇、陈薇讲述了中华民族几千年来与疫情抗争的历史以及疫情期间的动人故事等，展现在党中央坚强领导下，全国人民同舟共济、守望相助的团结力量。

榜样引领成长。"开学第一课"不仅聚集"共和国勋章"获得者、院士、科学家等人物，还挖掘了各行各业平凡英雄的动人瞬间，全景式呈现特殊时期下的英雄群像和坚韧精神，以榜样的先进事迹，引发学子对成长的思考。

培养什么样的人？怎样培养人？

这些问题引发我们深深的思考，让人成为人，是我们教育最基本的要求。因为教育就是培养人，生长人，培养充满人性的人。

可是让我们痛心的是，由于媒体的错误导向，缺乏正确的榜样引领，青少年缺少正确的价值观、人生观、世界观，思想消极，精神萎靡，被扭曲的形象误导甚至引入歧途。

"开学第一课"给青少年展示的是"共和国勋章"获得者的形象，"人民英雄"的故事，这些榜样给全社会有力的引领，让每个学子向真向善向美。

我们学校要创造平台：树榜样、学榜样、做榜样。

"韶华逐梦，青春榜样"在身边，在开学典礼上我们举行了隆重的颁奖仪式。"优秀干部""三好学生""卓越学子"走上主席台，"年度人物""形象大使"踏上红地毯，在全校师生起立致敬的掌声中昂首挺胸走向主席台，学校领导激情洋溢地宣读颁奖词，在万众瞩目中这些获奖的同学高高举起了奖杯。我想那一刻，获奖的同学无比骄傲，没有获奖的同学定然暗暗下定了决心：下一个走上领奖台的应该是自己。

"知名大学在我身边"，学校的大厅里摆放着三个醒目的人物"易拉宝"，这三个人物是今年四中上知名大学的优秀毕业生：一个是到北京大学读本科的陈晓坤，一个是到复旦大学读硕士的王纤清，一个是到清华大学读博士的白松霖，在每个人物"易拉宝"下面记录着这三个孩子奋斗的历程，获得的荣誉。清华、北大、复旦这些全国名牌大学是每个学子向往的大学，今年这三个学长都如愿以偿，学习无止境，奋斗无止境，这让每个孩子有了学习的榜样。

"学长引我前行"，学校大门两侧周边的透视墙换上了四中的知名毕业生、优秀毕业生，他们有的是著名企业家，有的是科学家，有的是教育家，这些知名毕业生在各个领域成了领军人物，对社会做出了突出贡献，许多毕业生还积极回报母校。这些优秀毕业生的卓越事迹、感恩行为激励着在校的学生。每天上学的学生、路上的行人都会驻足欣赏学校透视墙上优秀毕业生的事迹，这些"事迹"成为一道亮丽的风景线，成了孩子们的加油站。

发挥榜样的作用，让每个孩子心中有方向，让每个孩子眼睛有光芒，让每个孩子脚下有力量，这是我们每个学校，每个老师努力的方向。

# 伟大的老师

## ——观《嗝嗝老师》有感

"身体的打嗝不可怕，可怕的是精神的打嗝。"

"没有不好的学生，只有不好的老师。"

这些话是印度电影《嗝嗝老师》里的名言。

嗝嗝老师是一名妥瑞氏综合征的患者，这种病是一种神经性疾病，会不自觉地打嗝。嗝嗝老师学习成绩非常优秀，她以优秀的成绩从大学获得文理双学士学位。但身体的缺陷——不停地打嗝给她带来无限麻烦，面对自己的梦想——当一名优秀的老师，她从未退缩。嗝嗝老师把一个学校的F层孩子成功带上了优秀的道路，嗝嗝老师用自己的实际行动向大家阐释了一名伟大老师的内涵。

### 一、要有成为老师的信仰和梦想

嗝嗝老师因为有打嗝的毛病，在求学阶段的课堂里，在活动中，经常引得同学们哄堂大笑，她受到了同学们的歧视。可她的老师尤其是校长从没有因为她的缺陷而看不起她，在一次集会上，嗝嗝老师的校长让她走上主席台，当着全校同学的面告诉孩子们不要歧视她，这让她很受感动，从那时候起，她就立志当一名老师。

嗝嗝老师大学毕业后，她向18个学校应聘，结果都遭到了拒绝。她的父亲也认为她不具备当老师的条件，想让她从事其他职业，因为在父亲看来，因为身体原因女儿很难找到工作，更重要的是教师这份职业挣钱太少。

面对亲人的不支持，面对各种困难嗝嗝老师从未放弃当老师的梦想。

## 二、对孩子有爱心和耐心

嗝嗝老师成功应聘的学校是她曾遭到五次拒绝的学校，因为这个学校的F班太难带，F班的学生都是印度家庭条件比较差，为解决社会问题，F班的孩子到学校上学，但学校里的老师和孩子们都歧视他们，他们的学习得不到重视，学习成绩很差，因此，孩子们也自暴自弃，凡是教他们的老师，不用多长时间就被气走了。

嗝嗝老师打定了主意，她充分地尊重孩子，顺势引导孩子，让孩子有宣泄的空间，她没有因为孩子们的恶作剧而大发雷霆，而放弃孩子。

每次嗝嗝老师被同学们气得不行的时候，别的同事给她泼冷水的时候她都选择了坚持，慢慢地与孩子们建立了感情。

在到校开家长会的时候，别的班的孩子都来开家长会，她的班里没有一个家长到校开家长会，她很无奈，于是她便去家访。在家访中她理解了这些家长为什么不来开家长会：他们根本不能解决自己的生存问题，能让孩子上学已经不错了。

孩子们学了化学的相关试验，马上学以致用，用化学的相关知识进行恶作剧，爆炸声起，教室的窗子都被震破了，面对孩子可能被开除的现实，嗝嗝老师自己承担了责任。

在孩子们犯错不能到校学习的过程中，嗝嗝老师就到田野里、孩子们的家里为孩子们授课。

## 三、用体验方式进行教学

嗝嗝老师的教学方式非常先进，她用体验的方式引领孩子们学习，孩子们在动手实践中学习运用知识，孩子们活学活用兴趣很高。她会将孩子带到实验室上课，带到操场上上课，带到某些具体场馆里上课，她的课堂涵盖了很多学科的知识，她从不照本宣科，她认为知识是综合的、互通的。其他老师对嗝嗝老师的做法持有异议，但嗝嗝老师坚持用能激发孩子兴趣的方式给孩子上课。在其他老师准备带他们的孩子参加全国比赛项目的时候，那些所谓的优等生也跟他们的老师一样照本宣科，嗝嗝老师的学生很快就看出那些优等生作品的问题，并帮助他们整改。

### 四、激发每个孩子的潜能

教育不是传授知识，教育是唤醒、激励、鼓舞。

每个孩子都是太阳，我们要做的是让他发光。

嗝嗝老师根据每个孩子的特点和优势进行分析，帮助孩子们进行职业规划，让孩子们用内驱力引领自己前进。对于喜欢赌钱的孩子，他算数快而准确，嗝嗝老师引导他去学习投资；对于动手能力强的孩子，她引导孩子去做工程师。每个孩子都有了自己的方向，每个孩子都有了前进的动力。

### 五、相信每个孩子

没有不好的学生，只有不好的老师。

嗝嗝老师有着对学生的大爱，她对所有孩子都是平等的，大家都应该靠自己的努力取得荣誉，每个努力的人都有资格取得荣誉。

年级长一向对F班的孩子存在歧视，他认为这个班的孩子不可能取得好成绩，能够及格就不错了，创造力和荣誉都属于优等生。A班的学生也跟年级长一样看不起F班的学生，A班的学生故意撺掇校工将期末考试的卷子泄露给F班的某些同学。期末考试完了，F班的同学都及格了，大家都很开心。年级长向校长报告了F班作弊的情况，并有校工作证。校长准备将这些孩子开除。当A班的学生觉得自己大功告成，用诡计将F班学生赶走时，他们告诉了年级长实情：他们用诡计成功赶走了F班学生，实际上F班学生都及格了，第一名也是F班学生。年级长很受震撼，他觉得对不起F班的学生。在表彰会上，他向F班的学生和嗝嗝老师道歉，并将标兵荣誉授给了F班学生。

嗝嗝老师用自己的实际行动告诉了大家老师的伟大，教育是心灵的转向，教育就是发展人，成长人，我们要站在学生立场上去引领学生。

# "关系"与"载体"让学生走向成功

关系先于教育，好的关系胜过许多教育，亲其师信其道，师生关系是教与学的桥梁。

《为人师表》是美国1988年公映的电影，电影中的老师伊斯克兰特深感师生关系的重要，老师要与学生建立和谐的关系就要充分了解学生，理解学生，因材施教。特别是一些问题学生，你对他空洞的说教是没有用的。

伊斯克兰特老师主动到加菲德高中，这所学校教育资源严重匮乏，课桌椅年久失修，学生来自拉美裔家庭，这样的环境，这样的孩子，没人觉得他们能上大学，上课也如同游戏。

为了赢得这些学生的尊重，建立一种良好师生关系，伊斯克兰特决定以一种特殊的方式征服他们。伊斯克兰特老师带着厨师帽、系着围裙、握着一把菜刀走进了教室，当他狠狠地一刀朝着课桌劈下去的时候，所有学生都被震慑住了。这胆战心惊的一刀不是恐吓，而是切开了一个水果，伊斯克兰特以直观的方式让这些孩子第一次认识并理解分数。

老师独特的教学方式征服了孩子们的心，伊斯克兰特老师之所以采取这样一种方式，我想是采取了那帮学生"好勇斗狠"的方式来征服他们，他们感到老师的教育方式不是说教而是刺激、直观，老师一下子就进入了孩子的心中，抓住了孩子的心。

伊斯克兰特老师甚至给每个学生都起了绰号，拉近自己与"问题"学生的距离。

有了良好的师生关系就有了老师与学生"传道、受业、解惑"的桥梁。

伊斯克兰特知道每个生命体都有成功的欲望，每个人都在寻求一种存在感和价值感，一种生命的荣光。

有了关系的桥梁，伊斯克兰特又用梦想为载体带孩子们走向世界。

在美国通过AP考试就意味着考上大学。可在加菲尔德高中，学生们认为："老师都是垃圾，从没有学生考上大学。""我们不想改变吗？家里穷，学校烂，在这里看不到希望。"

伊斯克兰特准备教学生AP课程，让学生考大学。

伊斯克兰特唤醒孩子梦想的时候，学校，甚至孩子家长都反对，他们认为这些孩子从没学过微积分，孩子能高中毕业，挣钱补贴家用就可以了。他们都不相信伊斯克兰特老师能带领孩子们实现梦想。

每个桎梏的打破都是艰难的，每个奇迹的缔造都需要血汗。

学习AP微积分是很难的，但考大学的梦想让孩子们愿意跟着伊斯克兰特老师去学习。实现梦想的过程是不易的，他们一次次怀疑自己的能力，伊斯克兰特老师一次次帮孩子们重建信心，全身心地投入寻找改变命运的机会。

孩子们没有辜负伊斯克兰特的苦心，凭借超乎寻常的努力，18名学生通过AP测试，但他们的成绩遭到质疑，被要求再次重考，结果再次全部通过，他们用实力证明了自己的水平和能力。

伊斯克兰特老师创下了辉煌，很多贫苦孩子进入了哈佛、麻省理工、哥伦比亚大学……孩子们的命运被重新改写。

老师的伟大在于帮助孩子追求到成功，体味到内心幸福与人性的尊严。

伊斯克兰特老师走进孩子们的内心世界，让大家与他有了融洽的师生关系，他又运用梦想——考AP考大学为载体带孩子们走向世界，让孩子们有了美好的未来。

促进每个学生的成长是我们的责任，激发每个孩子的潜能是我们的荣誉，而要完成责任，获得荣誉，就要与学生建立良好的关系，为孩子找到激发力量的载体。

# 四

# 课外活动篇

创设适合每个孩子的教育

# 社团课，开课了

社团课是孩子们的最爱，因为在这个课堂里孩子们没有压力，因为这个课是孩子们自己选择且喜欢的课。

以往社团课选课，采取了最原始的办法——现场选课，每个社团课的学生举着牌子进行推介，看起来壮观、热闹，但是因为社团太多，学生太多，孩子们了解得不够透彻，许多孩子匆匆忙忙地就选了一门课，最后发现并非自己的所爱。今年我们进行了网上选课，所有的社团和课程及介绍在网上一目了然，每节课有一定的人数，如果满员就要退而求其次，当然要是一些同学特别喜欢某个社团，我们可以线下调整，如果所有的社团课都不喜欢，孩子们还可以申请自创社团。今年的社团选课，孩子们在家里和家长可以一起商量研究，到了选课的时间，动动手指就可以选中自己喜欢的课。

每周上两节社团课，安排在下午的三四节，如果时间不够还可以放学后延长课时。

我的两个朋友，青岛漫画协会主席和青岛半岛都市报主任记者来拜访我，我带他们顺便看一下我们的社团课。

我们的社团分科技、艺术、人文、体育、领导力、国际化、思维拓展等类别，指导老师有的是在校学生，有的是在校老师，有的是外聘老师。

当两位朋友看到我们有编程社团、无人机社团、交响乐团等社团的时候感到非常惊讶，他们认为，青岛市最好的学校开设的课程也不过如此。

课程是育人的支撑。不同的课程会培养学生不同的素质。我告诉他们，我们目前这所西部老校，在校学生大多数是外来务工子女，由于家庭条件限制，这些孩子没有条件上自己喜欢的课程，学校弥补了家庭的不足，通过不同的维度来提升学生的素质。经历是一种自信，舞台有多大心有多大，孩子们学得多了，见得多了，能力提升了，自然而然就有自信了。

我们参观的第一个社团是国画和素描社团，指导老师张老师师承中国美术协会副主席某著名画家，她老练沉稳，功底非常深厚。当张老师和孩子们听说，青岛市漫画协会主席来了都非常兴奋。洪主席把自己的画册赠送给老师和孩子，并对孩子们的作品赞不绝口，孩子们要求洪主席给他们讲一课，洪主席马上答应后面给同学们上一课，随后与孩子们交流完毕合影便离开了。

我们离开画室，顺便到了"折纸大师"赵老师的社团，孩子们分小组，忙碌地进行分工合作，看到来了客人，赵老师很兴奋，给我们介绍折纸的意义。折纸可以组成各种物体，一个精美的纸杯、花环、星球等都在同学们的手中不断成型，让你发自内心地赞叹孩子们的空间想象力、动手能力、创造能力。赵老师非常有心，她把孩子们的优秀作品都收集展出，制作成孩子们学习的PPT。非常可贵的是，赵老师带领孩子们开发了许多课程，社团的这些孩子特别喜欢折纸，而其他的孩子会在综合实践课上被普及折纸知识，这很好地体现了我们学校让每个孩子都精彩的办学理念。

顺着楼梯，我们走进了新华书店，在新华书店里有记者团，当看到记者团的时候，半岛都市报的记者朋友马上双眼放光，似乎遇到了亲人，当孩子们听说岛城著名记者的到来，他们非常兴奋。我们抓住时机让记者朋友现场给记者团的同学授课，我的这位朋友告诉了孩子们做记者要记住三点：眼睛要独特，发现不一样的视角，这样才能抓住眼球；手要快，新闻的特点在新，要快速写出；心有责，记者是无冕之王，既可以采访领导，又可以采访街头平民，要报道出良知，传播出正能量，授课完毕，孩子们与记者朋友合影留念。

由于时间原因，其他社团我们就匆匆路过。

我们看到辩论社团的孩子们在观摩大专辩论赛，无人机社团的老师在给孩子们演示，国际象棋的老师让孩子们对弈，爱乐乐团的老师指导孩子们吹奏国歌乐曲，创客社团的老师带领孩子们设计项目，编程社团的孩子们在老师的引领下学习国际上最先进的派森课，足球、篮球、排球、武术、健美操社团的孩子们都在积极地训练着。

两位朋友看见学生们都在自己喜欢的社团里张扬自己个性，找到了自己的精神家园，仿佛听到了生命拔节的声音，他们对此啧啧称赞，还有什么比看见孩子健康、快乐、幸福的成长更让人高兴的事情呢？

# 不一样的升旗仪式

周一是学校升旗仪式的时间，早晨，老师们和孩子们都急匆匆地奔向操场。

主席台上，主持升旗的班级同学都早早地站位等待，升旗仪式由班级轮流执行，从护旗、出旗、升旗、主持都由各班自己完成。

老师们到操场上站好后发现主席台上的2016级5班同学的打扮非常独特，这是因为他们的衣服都是废旧报纸、废旧塑料和各种废弃物做成，有的戴着脸谱，有的戴着披风，有的扮作龙王，总之，全班30多个同学30多种打扮，有点意思，他们这是要干什么？

升旗仪式开始之前是班级风采展，以班级为单位进行班级文化展示，主持人介绍了班级的同学和老师，同学们一起喊出班级的口号，紧接着欢快的音乐响起来了，在乍暖还寒的春风里，在一日之计在于晨的时光里，孩子们踏着节拍依次展示他们用废弃物制作的服装，孩子们走得大方自信，默契从容，台下的老师和同学们被他们精彩的表演所征服。走秀完毕，主持人说：马上到植树节了，5班同学用废弃物制作服装并进行走秀，他们想告诉大家一定要爱绿护绿，不破坏环境，不污染环境，用实际行动爱护我们的环境。随后，升旗仪式开始了。

这是学校升旗仪式的一个缩影。

升旗仪式是全校师生在周一清晨都参加的一个活动，一周一次，形式隆重，在这样一个重要的时刻，我们将升旗仪式做成班级文化展示课程，在全校师生面前展示主持升旗班级的文化和才华。

除了固有的出旗、护旗、升旗环节外，剩下的时间就是班级文化风采展，因为这个时刻庄严隆重，每个班级都非常重视，大家都想用自己的创新、自己班级的风采征服全校师生，所以，升旗仪式的舞台是各个班级的一次展示自己实力的平台。各个班级或动或静，或唱或跳，或写或诵，形式不一，孩子们用自己的青春激情演绎着班级生活的风采。

创设适合每个孩子的教育，让每个学生都精彩。每个班级的同学都有每个班级独特的风采和气质，他们在主席台上为大家展示了不一样的自己。大家在欣赏中"各美其美，美人之美，美美与共"，大家的思路和能力都得到了提升。

教育就是生长，教育就要为孩子们提供生长的机会和舞台，在孩子们积极有趣的创造中，我们收获了新鲜的成长。

# 给学生机会

我们要让学生做最好的自己，就要给学生做自己的机会，让学生在不断的尝试中、体验中找到自己合适的位置，找到让自己发光的位置，找到让自己幸福的位置。

作为学校，作为老师就要想办法给孩子提供各种尝试的机会。

艺术节，学校开展了丰富多彩的活动。

"学生自画像——猜猜我是谁？""纸艺大师作品——空间结构展示"等活动的作品，都摆在学校的大厅里，来来往往的学生、家长、教师都会驻足观赏，赞叹作者的空间想象力和设计力，我想那些作者每天路过大厅看见自己的作品得到大家的欣赏，心里一定非常自豪。

八年级美术课堂的篆刻艺术展，孩子们在老师的指导下用橡皮模拟篆刻的技术，把自己的名字用小篆刻出优雅的风貌，着实让人喜欢，还有个同学篆刻了一个埃及人面像，刻画得栩栩如生，观者无不赞叹。

才艺海选更是闪亮我们的眼睛，各类节目丰富多彩，古筝演奏声声入心，街舞表演激情澎湃，歌曲演唱精彩纷呈，我们看到了孩子们"八仙过海、各显神通"的艺术天赋。

这样的校园是孩子们喜欢的，这样的生活就是孩子们开心的生活。

初二·三班的卢同学、徐同学在线与德国、韩国、芬兰的少年进行疫情的讨论；初一年级开展的英语新星朗读者，学生阅读英文版的《哈利·波特》并开始模仿朗读；初一·四班的贺同学热爱音乐，尤其是英文歌，还给原版电影配音；初一·二班的魏同学吉他弹奏特别出色；京剧讲座中初一·八班的朱同学大方自信的亮嗓，惊艳四座；初一·一班爱好唱歌的李同学高亢童真的歌声，沁人心脾。

在各种各样的舞台上，孩子们"鹰击长空，鱼翔浅底，万类霜天竞自由"。

课堂是孩子们最重要的舞台，我们要想办法让每个孩子站在舞台的正中央。

王老师的航标课上，学生在老师的指导下进行自主学习、自主探究，学生以及师生之间的交流互动频繁，所有学生都动脑、动手、动嘴、动耳、动眼，不沉默寡言，不被动接受。这一课堂"把时间还给学生""把课堂交给学生"。以前，老师将知识掰开了、揉碎了、嚼烂了再喂给孩子，倒是好消化，但也确实没有了味道，即没有了学习的积极性；现在让孩子自己去掰、自己去揉、自己去嚼，虽然费点儿劲，可孩子"吃"得香，即学习过程中体现了以学生为主的思想。而且在此过程中，老师也很容易发现问题，更有针对性地去讲解、去引导。

学校的段主任准备上一堂青岛市公开课，在进行探究的过程中，一开始整堂课学生完全是在他的带领下进行活动，他带领学生进行了大量的身体素质练习：立定跳远、长达十多分钟的耐久跑，反反复复的单腿跳、双腿跳，包括游戏都是围绕身体素质练习。一堂课下来学生听他的指挥，练得大汗淋漓。可是教研员老师却反问了他一句话：你这样做学生喜欢吗？学生愿意跟着你进行大运动量的身体素质练习吗？

让学生进行运动是对的，但是学生不能完全在老师的控制下进行活动。

转变观念后，段主任利用小组合作引导学生进行探究性自主学习。利用体操垫作为障碍，让学生练习跳跃障碍，利用自己设置的障碍物进行各种跑、跳的练习。学生在玩中学，学中练。学生自主研究学习、相互帮助还学会了原地立定跳远技术动作，取得了非常好的教学效果。

所有听课老师都给予了段主任的课以较高的评价，学生脸上也流露出了满足的笑容。

　　在学生成长过程中老师不能越位，课堂是学生学习活动的课堂，舞台是学生展示的舞台，我们应该做的是帮孩子设计，帮孩子策划，启发孩子，推动孩子去体验、去探索、去实践。

　　给学生机会，学生会给我们精彩。

# 环境育人

教育就像腌咸鸡蛋，把鸡蛋放到盐水缸里，一段时间后，鸡蛋就变咸了，鸡蛋本身不咸，就是因为周围的环境是咸的，鸡蛋在周边环境的影响下改变了自我。

可见环境的作用是巨大的，它在无声无息中就能改变人的心灵、行为、气质、精神。

这次新初一的军事夏令营，我们努力地让学生到军营里去军训。孩子们的军训可以走训，让军官到学校里军训，也可以驻训，让孩子们住在军营里训练。

军营就是一个特殊的环境，一个培养军人习惯、军人精神的环境。既然要让孩子学习军人的精神、军人的习惯就要让孩子走进军营，军营无声的教育和熏陶胜过对孩子千言万语的说教。

我们这次军训在部队某部进行，走近大门，卫兵神圣不可侵犯，一种严肃的气息扑面而来，检验过证件，留下证件才进入部队。院子里古树参天，一条条道路纵横交错。走在院子里，随处可听到各种口号"听党指挥，能打胜仗，作风优良""有血性、有灵魂、有本事、有品德"。一列列高大挺拔、威风凛凛的士兵队伍从身边走过，他们阳刚的气质，让人肃然起敬。走进宿舍，每个房间都整整齐齐，所有被子都被叠成了整齐划一的豆腐块，所有物品都统一标准。吃饭的时候，官兵们会立正唱军歌，部分人去整理碗筷，整理好后，军人们随着指挥进入，在口令指挥下开始吃饭。我们的孩子在这种引领下，就会不自觉地按照军人的行为标准来要求自己。

烈日下，孩子们在教官的指挥下进行站军姿、队列、队形、四面转法的训练，这些在家里娇生惯养的孩子们一个个神情严肃，就像一棵棵小白杨，英姿飒爽。休息的时候，他们喝完水后，杯子排成了一条线，跟喝水前一样整齐，每个同学坐在马扎上，身体笔直，军营里的氛围让他们内心有了神圣，有了敬畏，不自觉地按照军人的标准来要求自己。晚上洗刷完毕，熄灯号吹响，整个军营鸦雀无声。早晨六点，起床号一响，整个楼层听见的是快速走动的声音，不一会儿，孩子们都在操场站好，开始跑早操，军人的跑步声、孩子们的口号声此起彼伏，每个人置身于此都感到内心纯净。

军训了五天后，孩子们要进行会操展示。

在教官的带领下，孩子们穿着迷彩服，戴着军帽，迈着整齐的步伐走进展示场，"敬礼""跑步走""齐步走""正步走"，孩子们在教官的指挥下动作到位，小脸绷得紧紧的，目光满是坚毅。我们这些近距离观摩的人都感叹，短短五天，这些在家里的娃娃都变成了刚毅的小小士兵。尤其让我们感动的是，每个班级走完了，地上会留下孩子在走动过程中不小心掉下的帽子、鞋子，但没有一个同学弯腰去捡，军营的纪律，令行禁止让他们严格服从。

"蓬生麻中，不扶自直，白沙在涅，与之俱黑。"环境育人，我们作为教育者，就要为孩子们创造一种向上、阳光、和美的环境，在这样的环境里，孩子的成长就会在无声的引领、无声的教育中默默发生。

# 为什么孩子在这里有这么多笑声？

初二的孩子们在综合实践中心学工，一共要学习五天，已经学习到第三天，外出无小事，学校领导都会去慰问。

到了综合实践中心，慰问完老师，我们到各个专业去看望孩子们。

到了电络画班级，孩子们正在专心致志地学习，他们一手伏案，一手拿着电烙铁，顺着自己已经画好的底图开始电烙，孩子们的眼睛几乎一眨不眨，教室里不时冒出一阵阵轻烟，可以看出孩子们全身心地投入了，对校长的到来他们根本没看到。我漫步于孩子们中间，看了一下孩子们电烙的作品大都是动漫人物，有个别的同学烙了学校的校徽、学校的景色。有小部分同学已经完成了自己的作品，当我站在他们的眼前欣赏的时候，我看到他们会心一笑，把身子向后侧了侧，似乎在说："校长您好好看，我的作品棒吧。"我伸出大拇指给他们点赞，这些孩子的脸上马上笑开了花。

进入茶艺专业的教室，孩子们大都已经泡完了茶，正在收拾茶盘，每个人都乐呵呵的。我转了一下，孩子们是以小组为单位学习茶艺的，他们都从家里带来各种各样的茶：绿茶、红茶居多，还有铁观音、普洱、苦荞茶等，大家都会将自己带的茶进行演示。我顺便采访了几个同学："学会了吗？""学会了。""客人到家里能进行茶艺展示吗？""能！"孩子们说的时候满脸灿烂。

一股麦香从走廊里飘来，还带着甜味。这让我想起了小时候，母亲用大锅在家蒸馒头，热气腾腾，馒头的清香沁入心扉，这种香气让人有了饥饿感。我们顺着香气到了烘焙教室，孩子们看我们来了非常兴奋，他们像小厨师一样带着围裙，头上戴着帽子，嘴角上扬，双眼炯炯有神。孩子们坐得笔直，他们在等待即将出炉的蛋挞，随着老师一声"好了"，孩子们一阵欢呼，以小组为单位到烤箱里拿出烤好的蛋挞。我现场采访了一位男同学："做蛋挞的感受是什么？"这位男同学大方地说："做蛋挞貌似是一件很小的事情，但有着严格的程序，如果不遵守规则，蛋挞不可能做成功，小小蛋挞很美味，要付出艰辛的汗水，我们一定会珍惜。"我听后很满意："同学们，做成一个蛋挞真的不容易，大家要知道，做蛋挞需要面粉，面粉来自小麦，这小麦的成长也不容易。农民伯伯在寒露时分种下小麦，在寒冷的冬天给小麦进行冬灌，滴水成冰，农民伯伯手脚都冻得发紫；开春，需要不断施肥、除草、耕耘，成熟了的时候要抢收，怕天不好，农民伯伯经常日夜劳作在地里；打下麦子需要反复照晒，然后装袋，磨面，每一道工序都很麻烦，我是一个农民的孩子，我知道这个艰辛的过程。《悯农》诗中说的'谁知盘中餐，粒粒皆辛苦'，就表达了这个意思。现在再把面制成蛋挞，这是二次加工，加工的艰辛我们已经体会了。所以，我们一定要珍惜食物，珍惜大地的馈赠，就餐时，吃多少拿多少，拿多少吃多少。"孩子们会心地点点头，两个男孩还把他们制作的蛋挞给了我和侯校长，我们表示感谢。

吃完蛋挞，我们到了机器人教室，所有的同学都忙得不亦乐乎，大家有的在电脑上做程序，有的在拼插机器人。令我非常震惊的是，学校初二四班的任同学也在跟另一个同学一起合作拼插机器人，这个任同学是个自闭症的孩子，在学校我没有看到她讲过一句话，神奇的是，她竟然能与合作的同学交流，脸上不时露出开心的笑容。

参观完毕，我的内心很受触动，为什么孩子们在这里学得这么认真，学得这么开心呢？在学校里的课堂上怎么许多孩子就学得那么痛苦呢？

我想，答案很明显，这里是做中学，知识学完后马上进行学以致用，马上进行探究，每个同学选的专业都是自己感兴趣的，有了兴趣有了探究实践，课堂马上就活起来了。

　　怎样让我们学校的课堂也活跃起来呢？就要让我们的孩子对所学知识感兴趣，让每个孩子都参与知识的学习和探究，让孩子在学习中去体验知识，去应用知识，让知识的学习和生活的真实发生关联，如果做到这些，我们的课堂肯定会鲜活起来。

# 一场足球赛的启迪

要想走得远，大家一起走，要想走得快，一个人走。但一个人走得即使再快，也很难久远。

我们生活在集体中，个人必须在集体中生存发展，个人的力量必须与团队一致，个人的力量才能发挥到最大。

学校新建了一个国际标准的笼式足球场，孩子们为此欢呼雀跃。为庆祝足球场的启用，学校举行了一场足球联谊赛。

刚开始有一个奇怪的现象：举行的两场比赛，均是初一的同学将初二的同学踢败。初二的同学都不会踢球吗？初二的同学年龄大、个头大，在心理上和身体上都占优势。可为什么初二的同学在这么多优势的情况下，却被击败了呢？

我们经过分析之后发现，初二同学的年龄、身体优势反而成了他们的败因。每个上场的初二同学都人高马大、威风凛凛，因为多上了一年学，心理上又占优势，各方面准备得都很充分。面对强势的初二同学，初一同学不卑不亢，他们一起研究战术，以防守为主，抓住机会全力进攻。

初二同学太急于求胜，他们每个人都想展示自己精湛的球技，都想赢得进球的喝彩。初一同学的防守固若金汤，而且他们一旦逮到机会就会全力进攻，在初二同学的惊慌失措中将球踢进。

面对初一同学的进球，我看到初二同学的脸上很挂不住，这种急躁的情绪又让他们慌了阵脚。由于慌张，而大失水准，初二同学两次点球，在脚触到足球的瞬间，那足球远离球门而去，初一的守门员虚惊一场，观众也嘘声四起。有个初二的同学因急躁失态，被裁判红牌罚下。

一场球赛给我们上了生动的一课，一切皆有可能，面对强敌，不能放弃，要相信自己，认真准备，结果也许会给你一个奇迹。

骄傲是我们成长过程中最大的敌人，它会让我们"大意失荆州"，让我们马失前蹄，让我们失去前进的力量。而谦虚、谨慎能让我们保持清醒的头脑，客观分析形势，稳步前行。

团队永远是个人成长的基础和摇篮，任何脱离团队逞一时之勇、逞个人英雄的做法注定会失败。失败的团队没有优秀的个人，成功的团队没有失败的个人，每个人只有具备大格局，才能强强联手铸造伟业，也才能在集体中成为大家的英雄。

体育知识和体育技能重要，但更重要的是体育精神，从比赛中获得精神和力量是我们比赛的最大意义。成功获得自信，是成长；失败积淀人格，让自己意志变得坚实，是更重要的成长。

掌声、鲜花、成功很美丽；失意、泪水、沮丧似乎很悲情。阳光和成功激扬了青春，风雨和失败夯实了成长。青春气息、青春精神、青春生活谱写了孩子们美丽青春的记忆。

# 春天里，让学生动起来

　　"加油！加油！"学校小操场上两个班级的同学围着笼式足球场喊声震天，因场地限制，孩子们踢的是四人制，即双方各三名队员和一名守门员。虽然只有班里的四名同学在场上，可这四名同学却吸引了班里所有孩子们的注意力，场上队员你来我往，不断拼抢，场下同学，喊声震天，此起彼伏。可以看出这是班与班的较量，既有场上队员的较量又有场下队员的较量，这是"四中校长杯足球赛"火热的开幕场景。

　　"四中校长杯足球赛"只是体育节活动的一部分。大课间的时候，全校同学围绕操场跑步热身以后，学校的喇叭响起了激烈欢快的节奏，学校的健美操队员欢快地跑向学校操场中央，合着节拍，在阳光下，动作娴熟地跳起了啦啦操，青春、火热、激情、奔放在孩子们身上体现得淋漓尽致，啦啦操队员热烈惊险的表演引来其他孩子阵阵喝彩。

　　学校学生会体育部长在热烈的氛围中走上主席台，发表了体育节启动的宣言，这次体育节号召同学们全员参与，全程参加，以挑战"校园吉尼斯"的形式为主，有集体项目，有个人项目；既有体育中考的项目，如男生的引体向上，女生的仰卧起坐等，又有孩子们喜欢的篮球赛、足球赛，还有跳绳、运球、投球比赛等。最后学校将举办隆重的运动会，进一步扩大比赛项目，在运动会上表彰"校园吉尼斯"比赛获得冠军的集体和个人。

　　初二要进行地理生物小中考，初三要进行大中考，我们曾计划不让初二和初三的孩子参加体育节，而让他们继续进行文化课的学习，但这肯定违背了孩子们的天性，剥夺了他们锻炼身体、参与比赛的机会。试想，我们不让初二、初三的孩子参加体育节的比赛，他们在教室里上课听见初一孩子们比赛呐喊的声音，还能学下去吗？

现在春暖花开，正是万物生长的季节，在这样的时节里，让孩子们到阳光下，到大自然里，到操场上去欢快地动起来，这才是顺应万物生长规律的做法，孩子们冬天里活动得少，积累了一个冬天的能量应该在春天里释放。

教育，要为孩子一生的发展和幸福奠基。

身体是一个人一生发展的基础，在青年时期，孩子们在校园里身体得到充分锻炼就可以为他以后奠基，如果没有身体做支撑，在应该成为我们国家和民族、家庭和单位顶梁柱的时候，他是扛不住的，才华再大也不过是徒增遗憾而已。

重视体育不仅能强身健体，更重要的是体育可以带来精神成长：团队意识、竞争与合作、抗挫折能力、坚忍的意志等，这些精神都是一个人一生成长的支撑，而这些精神都孕育在体育活动中。

"不懂得体育的人不宜当校长。"南开大学张伯苓校长的话语回响在我的耳畔。

"强国必先强种，强种必先强身。"张伯苓校长非常重视体育，是"中国注重体育校长的第一人"。在他看来，学校培养出来的人要为国家做事情，必须有强健的体魄。因此，组织学生课外群体活动，就成为南开教育内容的一个重要组成部分。张伯苓校长还把体育看作德育的载体，因为在体育里就有德育问题。比如，你用什么样的态度去对待体育比赛？是粗暴对待、给人下绊子，还是尊重对方，与对方公正公平地竞争？

张伯苓校长常说，会玩的学生才会读书。在南开大学2/3的时间用于正课学习，其余的时间用于课外体育活动和社团活动。那时，同学中很少有不参加一两项课外群体活动的。南开大学是以体育运动见长的学校，所以由学生自发组成的球队或运动队特别多。运动健将常常可以一个人参加好几个体育组织，参与各种不同的比赛。

一年之计在于春，一生之计在于青春，青春时光为一生奠基。

# 英语情景剧表演是能力与情感的统一

以往学校英语组在文化节搞的活动是模拟配音，但在能力提升和情感培养方面总觉欠缺。今年的文化节上，英语组在学校的建议下将模拟配音升级为英语情景剧表演，这样英语展示就由"模拟"升级为"表演"。

既然是表演，形式就要转变，配音是人在幕后，表演是人走向前台。为了符合剧中角色的内容，孩子们从服装、道具到演员化妆、舞台设计都要进行仔细的思考，在设计中我们看到了孩子们的想象力。

情景剧表演实质是一场思维风暴，孩子们从编剧本到安排角色，到演绎剧本的内容都需要仔细思考，这些都极好地培养了孩子们的设计感和创意。

情景剧表演需要大胆突破，许多时候，需要夸张的语言和动作来表达剧本的内容。演绎角色的情感，如果不是一个自信的表达者就很难传情达意，也难以感染观众，这就培养了孩子们的共情能力、合作能力。

情景剧表演大大提升了孩子们的英语使用水平。英语是一门语言，语言是用来沟通的，我们中国孩子大多将它看作应试的科目，而在情景剧表演中，英语是大家沟通的工具，在具体的情境中使用语言交流学以致用，这是"真"学习。

情景剧让孩子感受到了真诚、善良、爱等人类美丽的情感和品质。《丑小鸭》让孩子们体会到有梦想，不断努力，我们才会梦想成真。《愚公移山》让我们要勇敢面对困难和挫折，只要坚持不懈，总有克服困难的一天。《骄傲的孔雀》告诉我们，我们做人做事不要骄傲，自以为是，要与大家和平共处才能生存。这些美好品质和情感从孩子内心输出无疑让孩子感受到了美的崇高，无形中在向这些美好品质靠拢。

进行情景剧表演是用声音、表情、动作演绎情感，是用视觉、听觉、触觉、感觉来激活真善美的情感，孩子们在表演中打开了心灵的眼睛和想象的翅膀，提升了能力，感受了爱，感受了美，感受了艺术和自由，在表演中能力的培养和心灵的滋润达到了有机统一。

# "大地飞歌，歌唱祖国"青岛四中红歌会

为了中华人民共和国的成立，无数志士仁人，抛头颅，洒热血，先烈们用自己的生命换来了我们今天的安康生活。祖国生日到来之际，我们理应欢庆，为祖国庆生。我们学校策划了以"大地飞歌，歌唱祖国"为主题的红歌会，我们将用红色歌曲来庆祝祖国生日。

红歌传承红色基因，孩子们在歌声里感悟先烈的伟大，祖国的和平和繁荣来之不易，同时红歌的力量激励了我们自己，感染了他人，振奋了力量。

红歌仿佛把人带到烽火连天的战争年代，带到热火朝天的建设工地，让人追忆那些为民族独立、人民解放、国家富强和社会进步而奉献青春热血乃至宝贵生命的英雄，生发一种豪迈的英雄气概。欣赏红歌，有利于树立正确的三观，强化民族观念，增强国家意识，树立正确的人生态度，弘扬艰苦奋斗的精神。

唱红歌可以培养学生感恩的心。吃水不忘挖水人，先烈的牺牲精神、奋斗精神，值得我们时时追忆。有了他们的奉献、付出，才有了我们今天幸福的生活。"感恩"就是乐于把得到好处的感激呈现出来，且回馈他人。因为心怀感恩，我们内心才会快乐幸福；因为感恩，我们才会懂得珍惜；因为感恩，我们才能感受到世界的美好。感恩先烈，我们才能珍爱当下的生活。

唱红歌可以增强班级、学生的凝聚力。慷慨激昂的红歌，让我们积极向上，内心充满力量。当大家都心向祖国，充满正向力量的时候，人与

人可以不自觉地凝聚在一起，形成一个团队，凝聚共同的价值观。我们可以感受到：在革命战争年代，无论多么艰苦的环境，战士们歌唱着红色歌曲，雄赳赳，气昂昂，奔向战场。同样我们的孩子唱红歌，也可以在短时间内凝聚共同的力量，奋发向上。

唱红歌可以增强我们的国家意识。有国才有家，国破了家就亡了。如果孩子们的国家意识淡薄、民族观念薄弱，就不会有爱国情怀。当我们的学生把国家放在心中，人生就会有大格局，就会有无限的责任感，也就有了无限奋斗的力量。

学校是育人的地方，我们要根据时机举办这样的活动来培养孩子们的家国情怀，培养孩子们的爱国情操。

活动需要仪式感，需要营造氛围。我们用大红幕布作为背景，烘托喜庆的氛围，搭起专业的合唱台，邀请家长担任评委，全体同学、老师在台下欣赏。这样的仪式感，既让人们感到兴奋，又让人感到严肃、神圣。

红色基因是一种革命精神的传承，红色象征光明，象征信仰，凝聚力量，引领未来。我们用红歌让同学们传承红色基因，在红歌里我们载歌载舞，大地飞歌，放声歌唱，我们为祖国骄傲，为祖国放歌，这骄傲的歌声里充满幸福和神圣。

# 艺术节里乐享花开

作为校长，作为老师，最自豪、最快乐的事情是看到孩子们的茁壮成长。一个比较突出的事例是一次艺术节。

## 一、用时短

这次艺术节闭幕式暨迎新春文艺会演基本没有准备时间，前期期末考试，为了避免学生浮躁，学校有意不让学生知道文艺会演这件事。期末考试后，为了让学生抓住点滴时间学习和素质拓展，我们上午都安排了相应的课程，进行文化课的学习拓展，下午则进行各种素质拓展训练；艺术节上的节目只能利用下午的时间进行选拔、培训、训练，而就连这样的下午也只有四个，时间有限，任务艰巨，要求高，这些都让德育干部、音乐老师非常紧张。但是我看到，这些干部和老师因为经过校庆和各种大型活动的训练，已经找到做事的方式方法，他们首先制定方案，其次根据方案成立各个项目组，再次召开项目组动员会，在会议上提出标准和要求，大家按照项目要求各自开展活动。在进行正式会演前，我们进行了两次彩排，校内进行了一次，在会场进行了一次。由于整体架构，任务分割，化整为零，各自行动，整体汇报，让活动有条不紊地推进实施，我们只用了极短的时间就顺利完成了艺术节的各项准备活动。

## 二、自信、大气

这次大型活动用了四个主持人，两个初一的学生，两个初二的学生。

看得出，经过历练的孩子落落大方，非常自信，四个主持人全程脱稿，他们的自信让台下的孩子们也充满自信，他们多么希望自己也能在台上主持。想起去年的此时，我们的孩子都看着稿子主持，让他们脱稿，孩子们说啥也不敢尝试，现在，他们竟然做到了。

在进行《一看你就是老师》的朗诵中，六个孩子也完全脱稿，很长的稿子，没有一个同学出错。在他们的配乐诵读中，背景屏幕上显示着一年来老师们工作的场景，听着孩子们的赞美，看着自己工作的样子，这个时候的老师们个个眼含热泪，被孩子们感激、赞美的感觉真是让人幸福。

### 三、精彩纷呈

会演主要以孩子的节目为主，老师的节目为辅。孩子们展示了多种舞蹈：现代舞、古典舞；多种器乐：管乐、弦乐；多种表演形式：歌曲、配音、情景剧、致辞。

任课老师展示了健美操和"千手观音"，老师们幽默的表演让大家捧腹大笑。班主任演唱歌曲《我的未来不是梦》，看得出，孩子们非常喜欢班主任老师的演出，班主任老师一出现，全场掌声雷动，马上把氛围推向高潮。

动中向静，在书法老师和孩子们现场书写"福"字的过程中，领导、演员、各个班级代表走向主席台，接受孩子们的祝福。

### 四、家长保障

各个班级的家委会成员都到学校保驾护航，他们成了运输大队，帮孩子们运输道具，给孩子们化妆，保障孩子们的安全，为孩子们加油。

最好的管理是自我管理，会场上自主管理委员会和值周班的学生巡视维持纪律；记者团的孩子在拍照、录像、写稿，一切有条不紊，一切都恰到好处。

会演结束，孩子们不仅带走了自己的垃圾还带走了之前会场里的垃坂，青岛一中的会场因为我们的到来变得更加整洁、更加温暖。

作为校长，还有什么比看到自己的学生、自己的老师大展才艺更开心的呢？老师、孩子的幸福成长让我们幸福快乐。

# 学科融合，给孩子一个创造力的支点

我们要培养孩子的创造力，就要给孩子一个创造的平台，给他们一个创造的目标。我们学校的文化节上有一个比赛项目就是实现学科的融合。

生物学科与地理学科进行了"生物缤纷，地理高远"的学科融合项目。比赛规则很简单：

（1）用植物的各个部分做材料去拼绘一幅地图；

（2）以小组为单位，体现团队创造、团队的整体智慧；

（3）从班级里脱颖而出的团队参加学校的比赛；

（4）小组要整体展示。

你给学生一个创造的支点，他会还你创造的精彩。

各组上台展示，让人脑洞大开，感叹学生的创造力。

有的学生用不同的树叶拼了一幅非洲地图，用叶子的茎做国与国之间的边界。他们用红色叶子表示非常炎热的国家，用灰黄的叶子表示沙漠，用绿色叶子表示雨水较多的国家，叶子的大小、形状跟国家所占地图的位置大致相当。

有的小组采用校园植物的花、叶、根、茎、枝绘出我们的中国地图，让我感动的是，他们把香港、台湾、澳门这些地区用海棠果等果实表示出来，我想孩子们在提醒大家，这些地区是我们国家的神圣领土。

有的小组不仅将地理与生物融合，还与历史和现代融合，他们用不同枝叶将"丝绸之路"的起点、终点，途径的城市，来往交换的物品都用校园里的植物表示出来。

各种创意五花八门，让你或惊叹他们的协作，或惊讶于他们的创造，或感叹他们非凡的想象力，或感动于他们灵动的设计。

激动人心的是颁奖时刻，奖励分三类：融会贯通知识奖、妙手生花设计奖、其利断金团队奖。

所设奖项突出了个性，突出了特点，每个团队都拿到了满意的奖项。

颁奖完后，我陷入了深深的思考：培养学生的创造力，是否每位老师都有这个意识，每位学生都有这个意识。为培养学生的创造力，我们的老师要给学生设计怎样的学习课堂？我们要给学生提供哪些富有创造力的课程？我们学校要开展什么样的富有创造力的活动？不怕做不到，就怕想不到，心有多大，舞台就有多大，只要我们意识到位，平台到位，培养学生创造力就不是空话。

# 让孩子爱上科学

下午第四节课，学校润德楼学术报告厅传来阵阵掌声，我闻声到了四楼，学术报告厅里坐了满满的人，没有座位的同学就站在报告厅后面和走廊过道里。

从屏幕中我看到了活动的主题是"我是科技达人，发明作品推介会"。

孩子们拿着自己的作品逐一上台展示，作品发明推介人都是学校初一初二的同学。

孩子们首先对自己的作品进行展示，气球船、电动小飞机、手摇打蛋器、电动双头杯刷、简易吸尘器、挖掘机、激光感应报警器、自制弹簧测力计等。还有一个同学很有勇气，他展示了一个他失败的作品"自制小夜灯"，为了更好地展示自己的作品，他想将灯泡移到更醒目的位置，结果在移动过程中破坏了灯泡的线路，在展示的时候，作品没有修好，这个孩子坦诚地介绍了自己这个有缺憾的作品。他的坦诚赢得了大家阵阵掌声，大家感受到科学的魅力就在于从不断的失败中寻找成功。

展示完作品后，孩子们介绍自己发明创造涉及的科学原理和规律。这就是"知行合一"，孩子们将书本所学的物理知识应用到生活中，像初二·五班苏玉婷同学谈到她的"挖掘机"用到了帕斯卡定律，利用这个定律她设计并制造液压驱动装置等流体机械进行力量传递，为了发明自己的挖掘机，她还提前自学了杠杆原理。在科技制作中孩子们学以致用，以用促学。

最后是孩子们介绍自己的创造感悟。孩子都谈到自己的作品都是在生活中有感而做，发明的灵感来源于生活的启发和生活的困惑，在创造中感受到学习知识的意义。孩子们还谈到进行发明创造让自己很兴奋，很有成就感，在创造中大大激发了自己学习知识的兴趣。抽象的知识可以在动手实践中化为生动的理解，可以玩着学会，玩着应用。

两位物理指导老师在点评中抑制不住自己激动的心情，他们感到很意外，很受触动，很受鼓舞，他们没想到孩子们对科技发明这么感兴趣，这么有热情。一些在考试中没有取得优秀成绩的同学做出了让大家眼前一亮的作品，老师们相信这些孩子在将来的考试中定会考到好成绩。老师们决定在后面的教学中多让学生动手操作，动手实验，在动手实践中激发孩子们学习知识的兴趣，提升孩子们的创造力。

发明作品推介会是学校科技节的一个重要项目，这个项目不仅让学生动手、动脑还要动口，要让自己的作品打动评委，除了要有创意，还要有良好的表达能力。在大家的掌声中，这些作品推介的同学双眼闪闪发光，我想他们的创造动机和创造成果得到了同学们的肯定，他们的成就感、自豪感、自信心就会油然而生。不仅台上的同学很激动，台下同学也会受到触动，得到启发，也会运用所学的知识去发明、去创造。让孩子们爱上科学就这样自然地发生了。

# 参与就是成长

接到青岛市模拟商赛筹委会邀请青岛第四中学参加青岛市模拟商赛的邀请函后，我马上安排相关干部和老师组织学生参赛。

参赛的干部、老师、同学有些胆怯，因为这是第一次参赛，对于模拟商赛这个词，老师和同学们还是第一次听说，更不用说参与了。再者参加商赛的学校绝大多数是青岛市的名校，有青岛第二实验中学、青岛26中等学校，这些学校以前就参加过商赛，学校平时就有商赛社团。

狭路相逢勇者胜，胜人者有力，自胜者强。面对强者，我们应该有更大的勇气去面对，不能逃避，我们要战胜的首先是自己。

本次比赛的主题是耳机，各个参赛队伍需成立一家耳机公司，每家公司都有1000万元的启动资金，自己决定公司坐落于哪座城市，自己设计公司Logo、目标市场、品牌定位等，还需要计算制作成本、产品定价、员工人数以及员工工资等，并最终把自己公司生产的耳机卖出去。比赛还设置了英文路演环节，每家公司的所有成员带着自己设计的海报上台，用英文阐述公司产品的设计思路和创新理念等，评委根据他们的表现评分，算在最终成绩里。面对新颖的比赛形式，要想在15所初中学校里脱颖而出，是具有很大的挑战和难度的。

设计、运算、英语、创意、沟通、合作、路演、阐释……这些词语一下子涌入我们的脑海，可见模拟商赛是一个综合性的项目，它考验了学生的创造力、思维力、合作力、沟通力、表达力，这对于我们的学生来说真是一个挑战啊！

学校王老师带领7个学生利用放学后的时间积极备战，一周时间内，他们每天晚上在润德楼6楼的微机室，积极讨论、群策群力，为交出满意的作品不断研讨，甚至有天晚上忙到了11点。初三·三班的张同学虽然没有最后参赛，但也在放学后和其他同学坐到了一起，在一旁帮着出谋划策，英语组陆老师也参与其中指导学生的英语表达。

在每天积极筹备比赛的过程中，大家不仅收获了各种能力，还收获了参与过程的快乐和友谊。到了晚饭时间，王老师给孩子们买来饭；结束了，除了家长接送的孩子以外，王老师会把其他的孩子送回家。

同样的耳机如何在路演中展现出设计创意，做到吸人眼球？海报设计要独到，表达要抓住人心。四中的孩子初生牛犊不怕虎，铆足了劲，希望在有限的"市场资源"中尽可能为"公司"整合到更多的资源，竞标到生产机器，扩大生产规模。

台上孩子们激烈角逐，台下的老师们、家长们积极为孩子的海报"唐人印象"拉票。我感受到，一次学生活动比赛，把学生、老师、家长凝聚在一起，短短时间就拉到1400票，我们觉得已经成功了。

比赛结果出来了，学校获得最佳组织奖，孩子们没有取得最理想的比赛成绩，王老师和孩子们感到很遗憾。老师们纷纷在微信群里安慰王老师和孩子们：参与了就是成长。

比赛结果对我们来说重要，但更重要的是孩子们参与的过程，孩子们参与的过程就是成长的过程。我们敢于在强者面前亮剑，敢于尝试新生事物，敢于在舞台上展示自己就是最大的成功。

参与是一种经历，孩子们在商赛的舞台上进行了锻炼，定会收获各种能力，经历就是成长，这种成长会积淀成一种人格：勇者不惧、智者不惑。

# 尊重，激发每个孩子的积极性

每个人都希望被尊重、被认可，当一个人被尊重、被认可，他的主动性和进取心、主人翁意识才能被激发出来。

## 一、尊重体现在发挥每个学生的能力

上学期期末后的素质教育成果展，我们决定所有工作都由学生策划、学生组织，所有任务进行招标，将工作化整为零。有一个学生组织负责活跃会场，他们动员了家长一起助阵帮着布置会场，体育馆里挂满了气球和水晶灯，因为是狗年，孩子们还把自己用布做的小狗挂在墙上，多余的布狗，让校长抽签作为幸运奖品发给大家。还有一个学生组织承包了新年祝福树的设计，让大家将新年祝福都挂在树上，满满的祝福喜气洋洋，让整个会场非常温馨。展示会后，生活指导处的牟主任跟我说，有两位同学找她"断官司"：有一位同学不小心弄碎了装饰灯，就装饰灯是道歉还是赔偿的问题，两人闹到了牟主任那里，最后牟主任帮他们进行了协调，由弄碎灯的同学进行了赔礼道歉。我们都陷入沉思：如果没有同学负责装饰会场，那么灯被弄坏了，又有谁会管？现在灯被弄碎，弄碎灯的同学进行赔礼道歉，这样负责装饰会场的同学，就得到认同和尊重，就有了神圣的责任感。整个素质教育成果展，孩子们有的是组织管理者，有的是演员，有的是工作人员；而老师们成了最闲的人，他们成了欣赏孩子施展才华的人。素质教育成果展示会成功举办的原因是学校尊重了孩子的能力，这大大激发了孩子的创造力和责任感，孩子的主人翁意识被大大激发出来了，老师站在幕后，每个孩子都站在了舞台的正中央。

## 二、尊重体现在勇于向学生承认错误

今年开学典礼，在颁奖环节，开学典礼策划组将环保小卫士和少先队之星给落下了，经提醒，学校赶紧进行了弥补，牟主任走上主席台代表开学典礼项目组给这些同学道歉，并补发这两个奖项。当学校领导向同学们道歉时，孩子们感受到是老师勇于直面错误、改正错误的真诚，我想，这也为孩子做出了表率：做事不可能十全十美，出现了问题要敢于面对，勇于改正。

## 三、尊重体现在先进的同学得到激励和荣耀

在开学典礼颁奖环节，策划组的人员鉴于获奖同学人数较多，他们想安排固定的代表轮番上台领奖，这样领奖的同学可能不是获奖的同学，真正获奖的同学反而得不到肯定和激励，导致成就感的缺失。认识到这一问题，学校领导决定在宣布获奖名单时，让每个获奖同学点到名字时从座位上站起来，接受全校师生赞美的目光。名单宣布完毕，全校师生将热烈的掌声送给这些获奖的同学，我们看到站起来受表扬的同学，双目闪烁着幸福的亮光。

马斯洛把人的需求分为五类：生理的需要、安全的需要、情感和归属的需要、尊重的需要、自我实现的需要。人人都希望自己有稳定的社会地位，希望个人的能力和成就得到别人的认同。尊重又分外部尊重和内部尊重，内部尊重是自尊，外部尊重是受到别人的尊重、信赖、高度评价。我们相信，首先从外部尊重了学生，才能让学生形成自尊，学生的尊重得到了满足，就会充满信心，充满热情，积极性就会被大大激发出来，校园才能成为学生的校园，学生才能成为自己的主人。

# 让荣誉激励每个孩子成长

学校组织篮球队参加了市北区的篮球比赛，经过激烈的比赛，学校篮球队取得了市北区第四名的好成绩。

参加篮球比赛的队员基本上是现在初三人文班的同学，初三本来就是我们学校的一届学习成绩比较弱的学生，而人文班的学生是这届学生中最弱的，而打篮球的这些同学语数外的成绩几乎都是个位数，三科加在一起也就几十分，这些同学把关注点放在了学习之外，他们不爱学习，喜欢滋事生非来取得存在感，有三四个同学还因为打架受到了处分。

当学校要组织篮球队打比赛的时候，这些同学终于找到了方向，他们加入了篮球队。学校分管体育的宋主任担任他们的主教练，他们的执行教练是体育委员杨同学。

学校规定，如果进入篮球队之后违背校规校纪就会被开除出篮球队，如果获得成绩，曾经受处分的同学可以作为将来申请免除处分的重要依据。

你会发现，这些同学就像变了个人，他们成为每天最早到校的同学之一。在操场上，在体育委员的带领下，他们进行自发训练，为了增加体能，他们还找了个轮胎，不断在操场上来回滚动。有篮球基础的杨同学成了篮球指导教练，他非常认真地训练同学们如何站位，如何进攻，如何配合。每天中午，这些同学都不午休，而是坚持在操场上练篮球，在放学后，这些同学成了离校最晚的同学，他们在操场上继续篮球训练。

就这样，每天早、中、晚这些同学都在操场上刻苦地训练。

让荒地不长野草，最好的办法是种庄稼。

自从这些同学打篮球后，就再也没有听到这些同学打架滋事的问题。

比赛临近，为了队伍规范齐整，这些同学还凑钱买了队服，设计了队徽，当他们都穿上印有队徽的队服打比赛的时候，每个同学都威风凛凛，他们再也不是在课堂上恹恹欲睡的同学。

说实在的，学校就没有期盼他们能取得多好的成绩，可没想到的是，这些同学竟然取得了市北区第四名的好成绩。

自从获奖后，这些同学就不断地询问宋主任什么时候发证书、奖牌，从这里可以看出这些孩子对荣誉的渴望。

美国的西点军校要求每一位学员必须把荣誉视为生命，必须时时刻刻捍卫个人、集体和国家的荣誉，要有着为荣誉而战的信念，这才能配得上男子汉这个称号。

荣誉对这些男孩来说意味着什么？荣誉，是他们成长道路上的灯塔。在男孩成长的道路上，必须要培养他们为了荣誉而去拼搏的意识，为了荣誉要有与对手一决高下的决心与信念。在他们幼小的心灵深处埋下拼搏的种子，为荣誉而战的种子。这些都将有助于他在以后的成长道路上敢打敢拼，积极进取。荣誉是每个人都渴望得到的，但是荣誉又是一种稀缺的东西，真正的荣誉获得都是充满着艰辛与困难的，这也是为什么很多军人视荣誉为生命的原因所在。

学校决定，证书和奖牌拿回来之后，将在一个正式的场合为这些孩子举行隆重的颁奖仪式，邀请重要的颁奖嘉宾亲自为他们颁发证书和奖牌，让这些孩子足够荣耀，激励每个孩子为取得荣誉而战。

同时，为进行成功的迁移，分管德育和体育的宋主任还要趁热打铁举行一次获奖感言会，在会上回顾获得荣誉的历程，明白磨砺与拼搏才是通往真正成长与进步的阶梯。荣誉不仅仅在于奖牌，更在于荣誉需要我们每一个人的付出和维护；重新确立目标再出发，荣誉是下一次拼搏的起点。

我们相信，有了取得荣誉的成功体验，孩子们就有了自尊和自信，而自尊和自信是孩子们取得成功的前提。我们会让孩子们以此荣誉为契机去争取其他方面的荣誉，让孩子们从一个成功走向另一个成功，从取得一个荣誉到取得另一个荣誉。

# 让孩子在评优竞选中成长

竞选是促进孩子成长的舞台，我们国家有很多部门都采取竞选的方式选拔产生各级人才。在校的学生早晚要走向社会，我们要创造这样的舞台让学生提前接受这样的锻炼，有一天孩子真正面对的时候，他就会感到一切很自然。更重要的是，我们要通过竞选帮助孩子进行反思。

学校的市区三好学生、优秀干部的评选就是一个搭建竞选舞台的好机会。学校根据上级评选的名额分配，确定年级和班级的名额数，并根据名额让符合条件的集体和个人进行积极申报。评委是班级学生、任课教师、家长代表。个人竞选分为班级和年级两个维度。班级竞选取得推荐资格，年级竞选确定评选结果。

## 一、竞选培养了孩子的勇气

我们发现许多合乎条件的孩子不敢报名，很重要的原因是他们觉得自己不够优秀，或者不够勇敢，不敢在大庭广众之下去竞选演讲。我想这些孩子过后肯定会后悔，这种后悔定是他们后面学习的动力和方向。

那些参与了竞选的同学，在一个紧张的氛围中，在众目睽睽注视下，在忐忑中表述自己的竞选理由，不管结果如何，这本身就是一种成功。

竞选培养了孩子的胆量和勇气。

勇气是我们敢于直面困难，培养自信的重要条件，有了勇气就有了成功的开始。

## 二、竞选培养了孩子的表达能力

表达有文字表达和语言表达。要进行语言表达首先要进行文字表达，这就要撰写竞选稿。一份好的竞选稿是中心突出、脉络清晰、具体可感、打动人心的表述。

我们看到许多孩子的竞选稿语言缺乏自己的特色，这些语言套在谁身上都适用。还有些竞选稿脱离了现实，脱离了团队，让人感受到盛气凌人、傲慢。

在演讲的时候，许多孩子都照着稿子来读，不敢脱稿，这种不脱稿的表达会让评委对其印象大打折扣。如果能脱稿，会给评委一个很好的印象。当然实在脱不了稿也要半脱稿或经常脱稿，不能眼睛总是盯着稿子读。

## 三、竞选让孩子反思自己的生活

在竞选中，我们看到那些平时态度端正、一身正气的孩子人缘好，得票高，而那些锋芒毕露过于自我的孩子得票低。这些得票低的孩子都是有个性的孩子，个性让他们在平时与同学、老师的相处中常常让大家不舒服，甚至心生厌恶。这些孩子面对自己过去不当的做法造成的结果，一定很受触动，他们就会深入思考究竟应该如何与别人相处，怎样与他人交往。

## 四、竞选让孩子充满成长的动力

在竞选的评价中，孩子们发现了评价的维度，学习成绩是重中之重，如果学习成绩不优秀，作为一个学生是没有底气去评优竞选的。除了学习之外，还要勇于承担责任，为同学们服务，要争取担班级或者学生组织的职务。在学习生活中要积极参加学校和社会组织的各项活动，像各种体育竞赛、科技竞赛、艺术竞赛、人文类竞赛，这些活动的获奖都可以加分。

评优竞选是成长的舞台，这个舞台让同学们积淀成长的力量，这个舞台让同学们反思过往，这个舞台让同学们调整努力的方向。